D1723952

Ein Winter auf Mallorca

bilibū

C. de Monti-Sion, 16B
07001 Palma de Mallorca
(Illes Balears) Espanya
info@bilibueditorial.com
Tel. 971 71 27 80

Foto auf der Vonderseite:
  Ölporträt von Auguste Charpentier.
  Kartause von Valldemossa.

ISBN. 978-84-941650-6-1
D.L. PM 549-2017

GEORGE SAND

Ein Winter auf Mallorca

Palma, Illes Balears

Vorwort

8. November 1838. Ein Boot legt im Hafen von Palma an. Ein recht gleichmütiges Mallorca empfängt abermals eine kleine Gruppe von Reisenden: einen blaßgesichtigen, schmalen jungen Mann von 28 Jahren mit dem Aussehen eines Aristokraten, der etwas Kränkliches an sich hat; eine hochgewachsene, dynamische Brünette in der Vollkraft ihrer Jahre, die die wunderbare Aussicht auf die weißscheinende Stadt genießt, hinter deren Stadtmauern immer noch Sommer herrscht; und schließlich zwei Kinder, gefolgt von einer Zofe. Es sind Monsieur Frédéric Chopin, Pianist und Komponist, und Madame Aurore Dupin, Baronesse Dudevant, als Schriftstellerin unter dem Namen George Sand bekannt, die von ihren beiden Kindern begleitet wird.

Bis zu ihrer Ankunft in Palma war alles ohne Komplikationen verlaufen. Sie hatten einen kurzen Zwischenaufenthalt in Barcelona eingelegt, wo sie herrliches Wetter hatten und die Stadt und ihre Umgebung genossen, die sie mit Lob überhäuften. Die Überfahrt von Barcelona nach Palma erfolgte in einer ruhigen Nacht, während der das Boot auf einer vollkommen stillen See dahinglitt. Unsere Passagiere hatten sogar einen Teil der Nacht auf der Brücke verbracht, um den Liedern des Steuermanns zu lauschen.

Aber in Mallorca beginnt das Malheur. Alles geht schief. Es ist unmöglich, eine passable Unterkunft zu finden, es gibt kein anständiges Klavier und die Heizungen sind höchst unzureichend. Die Menschen sind feindselig, die Ärzte unfähig und die Apotheker kennen nur wenige Heilpflanzen ... Alles ist überschattet, sogar am Himmel ziehen Wolken auf, denn nach einem Spätsommer, wie er Ende Oktober bis Anfang November für den Mittelmeerraum typisch ist, wird das Wetter kalt und feucht, es fängt an zu regnen, vor allem aber beginnen nun die Herbststürme.

Sie ziehen um: von Palma nach Establiments und dann weiter nach Valldemossa. Nach neunzig Tagen Aufenthalt auf Mallorca fliehen sie schließlich. Als sie in Barcelona ankommen, ist Monsieur Chopin so krank, daß alle um sein Leben fürchten; Madame Sand ist so aufgebracht und empört, daß sie schwört, nur mit Verbitterung über jenen schrecklichen Winter zu schreiben. Und sie tut dies mit Vehemenz, denn Madame Sand ist voller Groll. Kaum ein Jahr nach diesem katastrophalen mallorquinischen Abenteuer, dieser Reise, die ein vollkommenes Fiasko für sie gewesen ist, beginnt sie, darüber in Fortsetzungen für die *Revue des Deux Mondes* zu schreiben. Diese Artikel sollten später als Buch unter dem Titel *Ein Winter auf Mallorca* veröffentlicht werden.

Warum hatten sie sich für Mallorca als Reiseziel entschieden? Was suchten sie? Was wußten sie über die Insel? Warum wurde die Reise ein völliger Mißerfolg?

Sie hatten sich einige Monate zuvor in Paris kennengelernt und ineinander verliebt. Monsieur Chopin selbst war in einer heiklen Lage: er hatte gerade seine Verlobung gelöst, die ihm mehr oder weniger von seiner Familie und den Umständen aufgezwungen worden war. Seine Gesundheit war nicht die beste. Laut Heinrich Heine war er von übermenschlicher Empfindsamkeit; beharrlich hütete er sein Privatleben; seine Freunde und Verehrer schockierte er mit seinen wechselnden Launen: er konnte außerordentlich charmant sein, doch im nächsten

Augenblick kam es ohne jeden ersichtlichen Grund zu unerklärlichen Ausbrüchen, maßlos und gewalttätig ... Sie war keine großartige Schönheit, aber dennoch attraktiv: kastanienbraunes Haar, sanfte, ruhige Augen, ein liebevolles Lächeln, eine leise Stimme, die sie selten erhob, denn sie hörte lieber zu, als selber zu reden. Beide waren bereits berühmt. Die geheimnisvolle und melancholische Aura des Musikers, sein Auftritt am Klavier hatte alle Frauen erobert; seine Kompositionen hatten ihm in Paris die Türen geöffnet, zur Kunst, zur Literatur und zum Adel. Madame Sand galt als freisinnige Frau, kultiviert, eine hervorragende Schriftstellerin mit klaren und genauen Vorstellungen vom gesellschaftlichen und politischen Leben ihrer Zeit. Er war scheu und gewissermaßen ungebändigt. Sie führte ein Leben, das in konservativen Kreisen als 'wild und ungesittet' angesehen wurde: sie hatte mehrere Liebhaber gehabt; noch bevor sie sich von ihrem Ehemann trennte, hatte sie ein paar skandalöse Liebesaffären. Obwohl sie als unmoralisch und verdorben verurteilt wurde, wollte Madame Sand doch nur das Recht der Frau auf freie Liebe verteidigen, eine Liebe ohne Vorurteil, ohne Bitterkeit, ohne Heuchelei – ein Recht, das zu ihrer Zeit nur den Männern der Gesellschaft zugestanden wurde. Sie war zu zärtlicher und großzügiger Liebe fähig und blieb bis zuletzt treu. In solchen Momenten wurden Madame Sands Empfindungen und Handlungen von Emotionen und Leidenschaft verzehrt.

Sie wurden Freunde, dann Liebende. Kurze Zeit später entschlossen sich Monsieur Chopin und Madame Sand, nach Mallorca zu reisen. Ärzte hatten Maurice, ihrem ältesten Sohn, der an Rheuma litt, die Sonne Spaniens zur Heilung empfohlen; zudem würde ein wärmeres Klima auch Monsieur Chopin guttun, der häufig an "Erkältungen litt, die in Bronchitis ausarteten" (noch hatte kein Arzt jene Krankheit diagnostiziert, die sein Leben im Alter von 38 Jahren beenden sollte). Ihre Freunde konnten es nicht fassen, als sie abfuhren. Sie war weit gereist, immer begierig, neue Dinge zu sehen, neue Erfahrungen zu sammeln, aber würde er so weit von seinem geliebten Paris, seinem geliebten Klavier und seiner geliebten Routine entfernt leben können? Und waren sie nicht auch zu unterschiedlich? Wie lange konnte eine Beziehung zwischen zwei solchen Berühmtheiten gutgehen? Madame d'Agoult, eine ihrer Freundinnen, schrieb: "So, wie ich die beiden kenne, bin ich mir sicher, daß sie nach einem Monat des Zusammenseins sich nicht mehr ausstehen werden können." Aber ein paar Tage später fügte sie hinzu: "Die Wirklichkeit ist schöner als ein Roman (...) und George ist mit Chopin entflohen, um ihre vollkommene Liebe unter den Schatten der Myrten in Palma wahr zu machen."

Als geistige Tochter Rousseaus, romantisch und leidenschaftlich wie sie war, wollte Madame Sand mehr finden als die Myrten Palmas: sie suchte die Ruhe einer exotischen Landschaft, unberührte Natur, maurische Ruinen, Überbleibsel aus den dunklen Zeiten der Inquisition, Ritter, Zigeuner – kurz: sämtliche Klischees von Spanien, die der Romantizismus jener Ära noch vermehrte. Sie wurde von den spanischen Intellektuellen ohne Zweifel mit derselben Bewunderung, demselben Willkommen und denselben Lobreden empfangen wie in Paris. Von den Bauern hatte sie, als wahre Anhängerin Rousseaus, die unschuldige und naive Vorstellung von guten, edlen und freundlichen Wilden. Ein Afrika, das Frankreich ein bißchen näher war! Man kann sie dafür nicht kritisieren, jeder dachte damals so. Eine Woche nach ihrer Ankunft schrieb Monsieur Chopin an seinen Freund Fontana: "Ich bin in Palma, im Schatten von Palmen, Zedern, Aloen, Orangen-, Zitronen- und Feigenbäumen und Granatäpfeln. Ein türkisfarbener Himmel, ein Meer von Lapislazuli und smaragdfarbene Berge. Die Luft? Die Luft ist wie der Himmel. Die Tage sind sonnig, alle tragen Sommerkleidung, es ist heiß; abends hört man stundenlang Gesang und Gitarrenklänge. Riesige Balkone, die noch von den Arabern stammen und um die sich die Rebenblätter ranken. Die Stadt erinnert wie der Rest des Landes an Afrika. Kurzum: ein köstliches Leben."

Das Leben als Flitterwochen! Aber Flitterwochen dauern nie lange, und ihre sollten bald enden. Monsieur Chopin wurde krank. Möglicherweise waren die Ärzte in Palma nicht so gut wie jene in Paris, aber sie waren auf jeden Fall unverhohlener. Nachdem sie ihn untersucht hatten – eine Untersuchung, die in den Briefen und Veröffentlichungen sowohl von Monsieur Chopin wie auch von Madame Sand erbarmungslos lächerlich gemacht werden würde –, kamen die mallorquinischen Ärzte zu dem Befund, daß er schwindsüchtig war, daß er seine Krankheit ernst nehmen sollte, und daß sein Zustand bedrohlich und ansteckend war. Natürlich glaubten beide kein Wort von dem, was sie zu hören bekamen. Er, weil kaum jemand die Vorstellung akzeptieren kann, unheilbar krank zu sein. Sie, weil sie kein Vertrauen in die unfähigen Ärzte eines zwar reizenden, aber primitiven Landes hatte. Hatten ihr nicht die besten Ärzte in Paris gesagt, daß ihr Geliebter an einer nervösen Störung leide, die verschwunden sei, bis er vierzig würde? (Auf eine Art hatten sie recht, denn der Musiker starb vor seinem vierzigsten Lebensjahr.) Indes: wie sollte sie glauben, daß es besser für sie sei, zurückzukehren? War das Klima Mallorcas nicht gut genug für ihn? Hatten die französischen Ärzte nicht darauf bestanden, daß die balearische Sonne Monsieur Chopins Bronchitis ausheilen würde?

Aber Monsieur Chopin konnte seine Bronchitis nicht kurieren, und diese Tatsache zwang sie endlich, der Wahrheit ins Gesicht zu sehen.

Die Menschen fürchteten Tuberkulose wie die Pest. Niemand würde ihnen Unterkunft gewähren, sie bedienen oder sich ihnen überhaupt nähern. Es gab keine Hotels in Palma, und wenn es welche gegeben hätte, so wäre ihnen ein Obdach höchstwahrscheinlich verwehrt worden. Der Eigentümer des Hauses, das sie in Establiments gemietet hatten, zwang sie aus Furcht vor den Folgen der Krankheit von Monsieur Chopin, wieder auszuziehen.

Schließlich fanden sie eine Bleibe in der Kartause von Valldemossa, wo die Dorfbewohner sich allem Anschein nach gegen sie verschworen hatten, um ihnen das Leben besonders schwer zu machen.

All ihr Unglück ist in dem vorliegenden Werk ausführlich beschrieben. Doch können wir ihr glauben? Ist es die ganze Wahrheit, die sie zu Papier gebracht hat?

Ja, wahrscheinlich, aber ...

Aber Madame Sand zeigte keinerlei Interesse an der tatsächlichen Situation des Landes, das sie besuchen wollten. Spanien befand sich in den Wirren des Karlistenkrieges um die spanische Thronfolge (1833-1839). Madame Sand erwähnt diesen Bürgerkrieg kaum, und wenn, dann spricht sie von "Banditen" wie von irgendwelchen berüchtigten Wegelagerern. In den Straßen von Palma fanden zwar keine Kämpfe statt, aber die Insel befa

darunter, und die Isolierung Mallorcas machte sich noch deutlicher spürbar. Die Menschen waren äußerst mißtrauisch, besonders das Landvolk. Seit dem "Französischen Krieg", dem Einmarsch Napoleons (1808-1813), war erst eine verhältnismäßig kurze Zeit vergangen. Es ist ganz und gar verständlich, wenn den Menschen eine Französin suspekt war, die Männerkleidung trug, die rauchte, die mit einem Mann zusammenlebte, der nicht ihr Ehemann war, und die zu alledem noch unter diesen schamlosen Umständen von ihren Kindern begleitet wurde.

Zu jener Zeit herrschte in Mallorca eine geschlossene, puritanische Gesellschaft, die voller Vorurteile war. Madame Sand fand harte Worte, um die mallorquinische Oberschicht zu beschreiben, ihre Lebensweise, ihren Lebensunterhalt, ihre Sitten und Gebräuche. Von vielleicht zwei oder drei Ausnahmen abgesehen, hat sie die Häuser, die sie beschreibt, wahrscheinlich nie kennengelernt. Sie wurde von dieser Gesellschaft nicht aufgenommen, obwohl sie am Arm des französischen Konsuls durch die Straßen von Palma promenierte. Jene, die die Gelegenheit gehabt hatten, *Lelia* zu lesen, erwarteten eine typische Französin, eleganter, besser gekleidet, eben mehr wie die Franzosen, denen sie bisher begegnet waren. Schon hatten Gerüchte über ihre skandalösen Liebesaffären Mallorca erreicht. Madame Sand war eine große Ernüchterung.

Doch wenn ihre Kritik an der Oberschicht und der Bourgeoisie harsch war, so war ihr Angriff gegen die Bauern gnadenlos. Nach ihren Aussagen waren diese faul, abergläubisch, ungebildet, diebisch und durchtrieben ... Ihre Methode das Land zu bebauen war absurd, sie hatten keine Ahnung davon, die Landwirtschaft einträglicher zu gestalten, sie widersetzten sich jedem Fortschritt, sie wollten kein Wort über Industrie hören ... Arme Gestalten. "Sie wissen nur, wie man betet". Wie konnte es sein, daß, von der herrschenden politischen Situation einmal abgesehen, die Bauern keinen Ehrgeiz hatten? "Sie könnten ganz Frankreich mit ihren exquisiten Früchten versorgen". Gewiß, aber im Augenblick war dies nicht notwendig, sie hatten alles, was sie brauchten und sie waren nicht daran interessiert, große Geschäfte zu machen. "Sie behandeln die Schweine besser als die Menschen". Ach, die Schweineepisode! Madame Sand würde die Rückreise nach Barcelona nie vergessen, auf einem Schiff, das mit dreckigen, stinkenden Schweinen beladen war, die die ganze Zeit nur grunzten.

Und das Essen? Kein normaler Mensch konnte in Mallorca essen, "außer man mochte Schmalz und ranziges Olivenöl". Ganz abgesehen vom Knoblauch. Der Geruch von Knoblauch durchdrang alles. Die Frauen hatten keinerlei Charme und stanken statt dessen nach Knoblauch. Dennoch sollten wir Madame Sand ein bißchen Verständnis entgegenbringen: noch war es wissenschaftlich nicht nachgewiesen, daß Knoblauch Herzkrankheiten vorbeugt, und daß Olivenöl gesünder ist als tierisches Fett. Was Schmalz angeht, so verzehrten französische Bauern dies ebenfalls. Madame Sand dagegen kannte wohl nur eine Küche, in der ausschließlich Butter verwendet wurde.

Nein, Madame Sand war nicht unparteiisch, wenn sie von den Mallorquinern sprach. *Ein Winter auf Mallorca* gehört nicht zu ihren besten Werken und steht in keinem Vergleich zu irgendeinem ihrer anderen literarischen Verdienste. Es ist ein Werk, das mit Haß und Groll geschrieben wurde. Es ist das Resultat einer großen Enttäuschung. Wir wissen, daß Madame Sand im Grunde eine sympathische Frau war, gut erzogen und liebenswürdig. Weder war es ihre Art, in ihrem Urteil und in ihrer Kritik solchermaßen ausfallend zu werden, noch, anstelle von feiner Ironie, sich einem so groben Zynismus hinzugeben. Es ist ungewöhnlich, daß jemand, der sonst so aufgeschlossen ist gegenüber den Fragen der Menschheit, mit erhabenen Ideen über die Freiheit der Menschen und die Rechte der Benachteiligten, mit solch ausnehmender Härte über die Menschen spricht, die sie in Mallorca kennengelernt hat. Doch auch wenn sie mit der Dummheit dieser stumpfen, grausamen und schlecht erzogenen Menschen, denen sie unglücklicherweise begegnete, nicht anders umzugehen wußte, können wir von ihr, die sie so kultiviert und feinfühlig war, zu Recht mehr Menschlichkeit und Verständnis erwarten.

Es ist aufschlußreich, ihre Beobachtungen mit jenen eines ander auf Mallorca war: Monsieur Charles Dembowski, Autor eines Buches mit Reisenotizen und -beobachtungen, das den Titel *Zwei Jahre in Spanien und Portugal während des Bürgerkrieges* (er bezieht sich auf den Karlistenkrieg) trägt. Er erzählt auch von der Familie Chopin-Sand in Valldemossa. Monsieur Dembowski besuchte das Dorf am Festtag des heiligen Antonius, wo er dem Segen über die Tiere beiwohnte und an den Festivitäten teilnahm. Er verließ die Feierlichkeiten zwischendurch, um den Fremden in der Kartause Post zu überbringen. Bei seiner Rückkehr fand er den Bürgermeister und den Gemeindepriester höchst verärgert über das mangelnde Interesse "jener Leute" an den Bräuchen und Festen ihres Dorfes. "Ist Ihnen bewußt", sagte der Priester, "daß dies wirklich eine seltsame Französin sein muß? Sie spricht mit niemandem, sie verläßt nie das Kloster, und sie war noch nie in der Kirche, nicht einmal sonntags. Gott weiß, wie viele Todsünden sie angehäuft hat. Der Apotheker, der ebenfalls in der Kartause wohnt, hat mir erzählt, daß sie ihre eigenen

Zigaretten dreht, zu jeder Tageszeit Kaffee trinkt, während des Tages schläft und die Nacht mit Schreiben und Rauchen zubringt. Sagen Sie mir, werter Herr, Sie, die Sie kennen, was hat diese Frau mitten im Winter in Mallorca zu schaffen?"

Und während Madame Sand behauptet, daß es niemanden gäbe, der weniger gastfreundlich wäre als die Mallorquiner, schreibt Monsieur Dembowski im gleichen Kapitel: "Von meiner Reise ins Innere der Insel (...) bewahre ich mir ein wachsendes Gefühl des Wohlwollens den gastfreundlichen Leuten gegenüber, die dort leben; nicht alle Dörfer hatten ein Gasthaus, und um die Nacht nicht im Freien verbringen zu müssen, war man gezwungen, die Leute um Unterkunft zu bitten. Sie freuten sich, einen aufzunehmen, gaben einem das beste Bett, einen Platz neben dem Kamin in der Küche, und man durfte an der Zubereitung des Mahls teilnehmen. Am nächsten Tag würde einem der Gastgeber dafür danken, daß man sein Heim gewählt hatte, und weigerte sich für gewöhnlich, irgendeine finanzielle Entschädigung anzunehmen".

Lügt Madame Sand demnach? Gewiß nicht. Sie hatte nur Pech und sie traf nur auf unfreundliche Menschen. Ohne Zweifel übertreibt sie, insbesondere dann, wenn sie Dinge wiederholt, die über sie selbst gesagt wurden, denn höchstwahrscheinlich hatte sie kein Wort von dem verstanden, was auf mallorquin zu ihr gesagt worden war. Aber zu alledem mußte sie feststellen, daß sie einen Invaliden zu pflegen hatte, anstatt unbeschwerte Ferien mit ihrem Geliebten verbringen zu können. Sie machte sich lustig über das Gerede über ihre nächtlichen Spaziergänge auf dem Friedhof, die Tatsache, daß sie rauchte, daß sie sich wie ein Mann kleidete, und daß sie nie in die Kirche ging. Vielleicht hätte sie diskreter sein sollen, auf dieselbe Weise, wie sie ihr Heimatdorf besuchte, wo die Sitten ebenfalls strenger waren als in Paris. Aber daß die Leute so grausam mit dem armen Monsieur Chopin und seiner Bronchitis umgingen, daß sie ihm ins Gesicht sagten, daß er im Sterben lag, daß sie ihm eine Unterkunft versagten und sich weigerten, ihm Lebensmittel zu verkaufen (sie mußte sich an den französischen Konsul wenden, um ihr Versorgungsproblem zu lösen), war etwas, was Madame nicht verzeihen konnte.

Auch Monsieur Chopin haßte Mallorca am Ende. Das ist recht offenkundig. Wie konnte jemand, der an Tuberkulose litt, auf einer so feuchten Insel leben? Tuberkulose war damals nicht gänzlich unbekannt. Er mußte von diesem Abenteuer ebenso sehr enttäuscht gewesen sein. Er fühlte sich nicht nur krank, sondern anstelle einer schönen Reise mit seiner Geliebten war es ein Alptraum, den er mit seiner Krankenpflegerin teilte. Beide, aber er vor allem, wenn wir Madame Sand Glauben schenken wollen, hatten nur einen Gedanken, und das war, Mallorca und Spanien so bald wie möglich zu verlassen. Zu allem Überdruß hatten sie bis zu ihrer endgültigen Rückkehr nach Paris keine glücklichen Tage mehr; denn die Ärzte hatten ihnen geraten, daß Monsieur Chopin bis zum Frühjahr in Südfrankreich bleiben sollte, und so ließen sie sich in Marseille nieder. Falls dies den Mallorquinern zum Trost gereichten sollte: es heißt, daß die Menschen in Marseille Madame Sand ebenso verärgerten. Nicht gleich von Anfang an; in einem Brief an ihre Freundin Carlotta Marliani vom 26. Februar, kurz nach der Ankunft in Marseille, schreibt Madame Sand: "Ich bringe ihnen Nachrichten von unserem Kranken, denn Sie sind an seinem Gesundheitszustand so interessiert wie ich. Es geht im besser, viel besser. Er spuckt kein Blut mehr, er schläft, er hustet weniger. Und zu alledem ist er in Frankreich! Er kann in einem bequemen Bett schlafen, das nicht gleich am nächsten Tag verbrannt wird. Die Leute weichen nicht vor ihm zurück, wenn er seine Hand reicht. Wir sorgen gut für ihn und er bekommt alles, was die Medizin bieten kann." Aber einen Monat später berichtet sie ihrer Freundin, "es herrscht Aufruhr an unserer Haustür. Der Literaturmob verfolgt mich und der Musikpöbel Chopin. Um ihn zu schützen, habe ich ihnen erzählt, daß er tot sei. Wenn das so weitergeht, werde ich unsere Todesanzeigen verschicken, damit sie uns endlich beweinen und in Ruhe lassen können."

Nichtsdestotrotz wäre es ein Irrtum zu glauben, daß Madame Sand und Monsieur Chopin während dieser drei schauderhaften Monate, die sie in Mallorca verbrachten, nur die Einheimischen gegen sich erzürnten und äußerst unglücklich waren. Madame Sand schrieb viel, obwohl sie, wie sie selbst sagte, "mit allem allein zurechtkommen mußte." Sie führte den Haushalt, sie kochte, sie gab ihren Kindern Unterricht, sie kümmerte sich um alle familiären Probleme. Sie überarbeitete ihren Roman *Lelia*, und schuf überdies den ersten Entwurf zu einem ihrer wichtigsten Werke: *Spiridion*. Die Klöster, die sie in Barcelona und Mallorca besichtigt hatte, lieferten dazu den Hintergrund. Die Entwicklung ihrer gesellschaftlichen und religiösen Ideen, der Einfluß ihres Freundes Leroux, die Theorien von Lamennais waren der Ausgangspunkt für ihre Geschichte. Tatsächlich aber mußte sie schreiben, weil sie Geld brauchte. Die Bauern, die sich an diesen sonderbaren Menschen bereicherten, diesen Häretikern im ewigen Zustand der Todsünde, wußten nicht, daß sie nicht so reich waren, wie sie zu sein schienen. Sowohl Madame Sand wie auch Monsieur Chopin lebten von ihrer Arbeit. Mallorca war wegen des Bürgerkrieges im Belagerungszustand und so kamen sie nur mit Schwierigkeiten an ihr Geld.

Monsieur Chopin schuf trotz seiner Krankheit ebenfalls sehr viel. Die Meinungen darüber, was er während seines Aufenthaltes in Mallorca komponierte oder überarbeitete, gehen auseinander, aber es ist sicher, daß er die Zweite Ballade in F-Dur (op. 38), das Scherzo Nr. 3 in cis-Moll (op. 39), die Mazurka in a-Moll (op. 67) und die Préludes komponierte, deren bekannteste die Prélude Nr. 15 in Des-Dur ist, allgemein bekannt als "Die Regentropfen-Prélude".

Längst hat die Legende die Wirklichkeit ersetzt und ist an die Stelle der tatsächlichen Umstände getreten, unter denen diese Werke geschaffen wurden. Die erste finden wir in Madame Sands Autobiographie *Die Geschichte meines Lebens*, die sie lange nach ihren mallorquinischen Erlebnissen geschrieben hat, und die, laut ihrem Biographen André Maurois, "der romantischste ihrer Romane" ist. Wahrscheinlich wurden diese denkwürdigen Erinnerungen mit der Zeit immer phantastischer, und Sands romantische Einbildungskraft tat das ihre dazu. Es entsteht der Eindruck, daß all die Werke, die Monsieur Chopin in Mallorca geschaffen hat, in einem Zustand der kränklichen, ängstlichen und melancholischen Gefühlserregung entstanden sind, während der er sich von furchterregenden und fantasmagorischen Erscheinungen umgeben wähnte. Die Zelle, die er in der Kartause bewohnte, war, wie er in einem Brief an einen Freund beschrieb, ein "Sarg", das stürmische Wetter, der Wind, der Regen, all das trug dazu bei, eine romantische Atmosphäre zu schaffen, und die Geschichte verlieh ihr eine noch größere und grandiosere Dimension. Die bekannten Worte, die der Schriftsteller Oscar Wilde einem seiner Charaktere in *Das Bildnis des Dorian Gray* in den Mund legt: "Was für ein bezauberndes Stück Sie spielen! Ich frage mich, ob Chopin das nicht in Mallorca geschrieben hat, mit der tobenden See um sein Haus und der sprühenden Gischt an den Fensterscheiben...", veranschaulichen den Hintergrund, in den die "mallorquinischen" Kompositionen versetzt wurden, und der sie so immer weiter von der Wirklichkeit ihrer Entstehung enfernte.

Tatsächlich stimmen die meisten Kritiker darin überein, daß die mallorquinischen Kompositionen von Monsieur Chopin mit einer bemerkenswerten Ausgewogenheit und Gelassenheit geschaffen worden zu sein scheinen, die einen größeren inneren Frieden widerspiegeln als viele andere Werke. Die Prélude Nr. 15 in Des-Dur, "Die Regentropfen-Prélude", ist wohl nicht an einem Tag voller heftiger Stürme und Regen einfach "improvisiert" worden, sondern zeigt im Gegenteil ein großes Harmonievermögen und eine meisterhafte Kontrolle über die Komposition.

Was das Buch *Ein Winter auf Mallorca* angeht, so löste es bereits am Tag seiner Erscheinung empörten und heftigen Protest aus. Wie konnte George Sand es wagen, solche Dinge zu schreiben, wie konnte sie solche Verleumdungen verbreiten?

Wie konnte sie Mallorca 'die Affeninsel' nennen? Wie konnte sie es wagen, so zu verallgemeinern, sie, die nur einen kleinen Teil von Mallorca und nur wenige Mallorquiner kennengelernt hatte? Madame Sand amüsierte sich über den Sturm der Entrüstung, den sie entfacht hatte. Wie sollte sie auch die Wut eines Volkes betroffen machen, das sie so verachtete?

Madame Sand und die Mallorquiner hatten ganz entschieden kein Verständnis für einander. Demungeachtet finden sich in ihrem Werk *Ein Winter auf Mallorca* einige der schönsten und begeistertsten Naturbeschreibungen, obwohl George Sand als Schriftstellerin sonst der Ergründung von Gefühlen den Vorzug vor der Beschreibung des Hintergrunds gibt. Jedes Wort, jeder Satz, mit dem die Landschaft, die Berge, das Meer beschrieben werden, gehört zum Schönsten, was jemals über Mallorca geschrieben wurde. Es ist nicht notwendig, all das hier zu wiederholen: man sollte es in der Reihenfolge lesen, in der es geschrieben wurde. "Alles ist so herrlich, daß ich manchmal den Eindruck habe, ich langweile meinen Leser mit meinen Adjektiven", sagte sie. Nein, sie langweilt uns nicht, vielleicht läßt sie uns die Dinge mit anderen Augen sehen, verleiht sie uns eine andere Perspektive. Wie schade nur, daß sie voller Vorurteile nach Mallorca kam, die Geschichte der Insel nicht kannte und sich vor der Wirklichkeit verschloß. Wie bedauerlich, daß Monsieur Chopin krank war und fror, und daß ihre Reise nicht zu dem wurde, was sie sich vorgestellt hatten.

Auf gewisse Weise ist es belustigend, daß dieses so vergessene Buch, das in literarischen Anthologien nie aufgeführt wird und als eines von Madame Sands unbedeutenderen Werken gilt, gerade hier in Mallorca und jetzt wieder neu herausgegeben wird, und daß es fast das einzige ihrer Werke ist, das die Mallorquiner kennen. Was sie dazu wohl gesagt hätte? ...

Palma, 30. Oktober 1997

MARIA FCA. VIDAL

(Übersetzung: Jule Schmolke)

Ein Winter auf Mallorca

Vorbemerkung

DIESES Buch trägt dasselbe Datum wie ein Brief an meinen Freund François Rollinat, und der Anlaß für seine Entstehung ist in den Überlegungen zu finden, mit denen das vierte Kapitel im ersten Teil beginnt. Ich kann hier nur wiederholen: "Warum reisen, wenn man nicht dazu gezwungen ist?" Heute, bei meiner Rückkehr aus den gleichen Breitengraden eines anderen Teils Südeuropas, gebe ich mir die gleiche Antwort wie damals, als ich von Mallorca zurückkam: "Es geht nicht so sehr darum, zu reisen, als abzureisen. Wer von uns hätte nicht irgendeinen Schmerz zu überwinden oder irgendein Joch abzuschütteln?"

GEORGE SAND

Nohant, 25. August 1855.

Brief eines ehemaligen Reisenden
an einen seßhaften Freund

AUS Pflicht seßhaft, glaubst Du, mein lieber François, ich habe, von dem ungezügelten und launischen Drang nach Unabhängigkeit bewegt, kein größeres Vergnügen in der Welt kennengelernt, als Meere und Berge, Seen und Täler zu überqueren. Ich Arme! Meine schönsten Reisen habe ich nahe dem häuslichen Herd unternommen, die Füße über die warme Asche haltend und die Ellbogen auf die Lehnen des Stuhls meiner Großmutter gestützt. Kein Zweifel, daß Du sie ebenso angenehm und tausendmal poetischer erlebst! Daher rate ich Dir, weder Deine Zeit, noch Deinen Schmerz, noch Deinen Schweiß unter der Tropensonne, noch Deine eingefrorenen Füße in den verschneiten Polarebenen zu beklagen, auch nicht die schrecklichen Stürme, die das Meer aufwühlen und die Überfälle der Räuber, ebensowenig wie jede Art von Gefahr oder Mühe, die Du jede Nacht in Deiner Phantasie erlebst, ohne Dich von Deinen Hausschuhen trennen zu müssen, und nur der Störung ausgesetzt, die von den kleinen Verbrennungen ausgeht, die Deine Zigarre in den Falten des Morgenrocks anrichtet.

Um Dich über die Entbehrung wirklichen Raumes und körperlicher Bewegung hinwegzutrösten, schicke ich Dir die Erzählung meiner letzten Reise, die mich über die Grenzen Frankreichs hinwegführte, und ich bin sicher, daß Du statt Neid Mitleid fühlen wirst und die Momente der Bewunderung sowie die wenigen, dem bösen Schicksal abgerungenen Stunden der Verzückung als zu teuer bezahlt empfinden wirst.

Diese Erzählung, vor einem Jahr geschrieben, hat mir eine der heftigsten und belustigendsten Kritiken von seiten der Mallorquiner eingebracht. Schade, daß sie zu ausführlich ist, um am Ende meines Buches veröffentlicht zu werden, denn der Ton, in dem sie gehalten ist, und die Milde des Angriffe gegen mich wären eine Bestätigung meiner Ansichten hinsichtlich der Gastfreundlichkeit, des Geschmacks und des Feingefühls, mit der die Mallorquiner Fremde aufnehmen. Es wäre ein ziemlich seltsames Dokument der Rechtfertigung; nur, wer würde es ganz lesen? Wenn es andererseits ein Zeichen von Eitelkeit und Dummheit ist, das Lob, das man erhält, zu veröffentlichen, ist es dann nicht kindischer und eitler, besonders in unserer Zeit, die Schmähungen zu bagatellisieren, denen wir ausgesetzt sind?

Ich erspare Dir selbige und beschränke mich darauf, Dir zu sagen, und um die Einzelheiten zu ergänzen, die ich Dir über diese naive Bevölkerung Mallorcas schulde, daß die besten Rechtsanwälte Palmas – vierzig an der Zahl, wie man mir sagt – sich nach der Lektüre meiner Erzählung zusammengeschlossen haben, um gemeinsam eine gewaltige Anklageschrift gegen die unmoralische Schriftstellerin zu verfassen, die es gewagt hat, sich über ihre Gewinnsucht und Sorge um die Schweinezucht lustig zu lachen. Es stimmt also, wie der Andere sagte, daß alle zusammen soviel Geist wie vier besitzen.

Aber lassen wir diese guten Leute in Frieden, die so gegen mich eingenommen sind; sie haben schon genug Zeit gehabt, sich wieder zu beruhigen, und ich auch, um ihr Betragen und ihre Art zu sprechen und zu schreiben zu vergessen. Von allen Inselbewohnern jenes schönen Landes erinnere ich mich nur an fünf oder sechs Personen, deren herzlicher Empfang und freundliche Behandlung mir immer wieder als eine Art Ausgleich und Gunst des Schicksals in Erinnerung bleiben werden. Wenn ich sie nicht beim Namen nenne, liegt das daran, daß ich mich nicht als eine so wichtige Persönlichkeit betrachte, der es zustände, sie zu ehren und meiner Dankbarkeit zu versichern, aber ich bin überzeugt – und ich glaube, das wird im Laufe meiner Erzählung deutlich –, daß auch sie mir ein freundschaftliches Andenken bewahren, das sie davon abhält, sich in meinen unehrerbietigen Spott einbezogen zu fühlen und meine Gefühle ihnen gegenüber in Zweifel zu ziehen.

Ich habe Dir nichts von Barcelona gesagt, wo wir doch einige sehr geschäftige Tage vor unserer Einschiffung nach Mallorca verbracht haben. Per Schiff von Port-Vendres nach Barcelona zu fahren, bei gutem Wetter und mit einem angenehmen Dampfer, ist ein nettes Unternehmen. An den Küsten Kataloniens umgab uns erneut die Frühlingsluft, die wir im November in Nîmes geatmet hatten, die wir in Perpignan jedoch nicht vorgefunden hatten. Auf Mallorca erwartete uns sommerliche Hitze. In Barcelona mäßigte eine frische Brise, die vom Meer her kam, die Kraft der strahlenden Sonne und fegte die Wolken vom Horizont, der in der Ferne in Berggipfeln endete, einige schwarz und kahl, andere weiß, schneebedeckt. Wir unternahmen einen Ausflug aufs Land, nachdem die guten andalusischen Pferde ihr Futter bekommen hatten, damit sie uns nötigenfalls schnell in die Stadt zurückbringen könnten.

Du weißt, daß zu jener Zeit (1838) Aufrührer in organisierten Banden das ganze Land durchstreiften, die Straßen blockierten, Dörfer und Gehöfte überfielen, den armseligsten Bauernhöfen Geld abpreßten, sich auf Landgütern niederließen, die etwa eine halbe Meile von der Stadt entfernt lagen und urplötzlich hinter einem Felsen hervorkamen, um von dem Reisenden Geld oder Leben zu fordern.

Trotzdem wagten wir es, uns bis auf einige Meilen der Küste zu nähern, und wir stießen lediglich auf einige Einheiten der *Cristinos*, die auf dem Weg nach Barcelona waren. Man sagte uns, daß sie die nobelsten Truppen Spaniens seien, und tatsächlich sahen die Männer gut aus und waren ziemlich gepflegt, wenn man bedenkt, daß sie aus dem Kriege kamen. Aber Reiter und Pferde waren sehr dünn; einige hatten ein gelbliches und eingefallenes Gesicht und andere einen so ausgemergelten Körper, daß man beim bloßen Hinsehen bemerkte, wie sehr ihnen eine Mahlzeit nottat.

Einen noch traurigeren Anblick boten die Festungen, die selbst um die kleinsten Dörfer herum errichtet waren, ebenso wie um die dürftigsten Wohnbauten. Hier eine kleine, runde Steinmauer, ein zinnenförmiger Turm, hoch und massiv vor jeder Tür, und dort starke Mauern mit Schießscharten um jedes Haus herum: Dies alles bewies, daß sich kein Bewohner dieser wohlhabenden Gegend sicher fühlte. An vielen Stellen trugen diese zum Teil zerstörten kleinen Festungen die Spuren kürzlicher Angriffe oder Verteidigung.

Hatte man die gewaltigen und eindrucksvollen Festungsbauten Barcelonas, die unzähligen Tore, Zugbrücken, Ausfalltore und Bollwerke erst einmal hinter sich gelassen, wies nichts mehr darauf hin, daß die Stadt sich im Kriegszustand befand. Vom übrigen Spanien durch Bandenunwesen und Bürgerkrieg getrennt, traf sich die fröhliche Jugend Barcelonas auf der *rambla*, einer von Bäumen und Gebäuden umgebenen Prachtstraße im Stil unserer Boulevards. Die Frauen, hübsch, zierlich und kokett, kümmerten sich um nichts anderes als um den Faltenwurf ihrer *mantillas* und das Spiel ihrer Fächer. Die Männer, Zigarren in der Hand, lachend, schwatzend, die Damen betrachtend, sprachen über die italienische Oper und schienen sich keine Gedanken darüber zu machen, was jenseits der Stadtmauern geschah. Aber bei Einbruch der Nacht, wenn die Oper zu Ende war, die Gitarren schwiegen und nur noch die *serenos*[1] wachsam durch die Straßen gingen, hörte man trotz des eintönigen Rauschen des Meeres die unheimlichen Rufe der Posten

[1]   Serenos: Nachtwächter, die alle Haustürschlüssel für einen bestimmten Stadtbezirk bei sich tragen und, durch Händeklatschen herbeigerufen, dem Spätheimkehrer öffnen.

und die noch unheimlicheren Detonationen, die sich von Zeit zu Zeit, kurz oder in längeren Abständen, nah oder fern, bis zum Morgengrauen wiederholten. Danach herrschte für eine oder zwei Stunden Ruhe, und die Bürger schliefen tief, während das Treiben im Hafen schon begann.

Wenn in den Stunden des Vergnügens und Flanierens es sich jemand einfallen ließ zu fragen, was jene seltsamen, beunruhigenden Geräusche in der Nacht bedeuteten, so antwortete man ihm lächelnd, daß dies niemanden interessiere und daß es das beste sei, nicht zu fragen.

Erster Teil

Frédéric Chopin (Leipziger Stich).

Kapitel I

Z WEI englische Touristen waren es, die vor, ich glaube, fünfzig Jahren das Tal von Chamonix entdeckten; so steht es
zumindest auf einer Inschrift, die an einem Felsen am Eingang
des Eismeeres zu lesen ist.

Dieser Anspruch ist ein bißchen dreist, wenn man die geographische Lage dieses Tales bedenkt, aber legitim, wenn man
sich daran erinnert, daß diese Touristen, deren Namen ich vergessen habe, die ersten waren, die den Dichtern und Malern
jene romantischen Orte offenbarten, wo Byron sein bewun-
dernswertes Drama *Manfred* schrieb.

Man kann im allgemeinen sagen, daß die Schweiz erst am
Ende des vergangenen Jahrhunderts von der großen Welt und
den Künstlern entdeckt worden ist. Jean-Jacques Rousseau ist
der wahre Kolumbus der Alpenpoesie, und, wie Monsieur Cha-
teaubriand sehr richtig erkannt hat, ist er der Vater der Romantik in unserer Sprache.

Ohne nun dieselben Verdienste wie Jean-Jacques Rousseau
für mich in Anspruch nehmen zu können, um auf Unsterblich-
keit zu hoffen, und trotzdem auf der Suche nach dem, was mir
zu Ansehen verhelfen könnte, habe ich festgestellt, daß ich
mich vielleicht auf die gleiche Weise wie die beiden Engländer
im Tal von Chamonix hervortun könnte, ja sogar das Recht auf
die Ehre hätte, die Insel Mallorca entdeckt zu haben. Aber die

Welt ist heute so anspruchsvoll geworden, daß es nicht genügt hätte, meinen Namen in einen Felsen auf den Balearen zu ritzen; vielmehr hätte man von mir eine detaillierte Beschreibung oder zumindest eine ausreichend poetische Erzählung meiner Reise verlangt, um die Touristen zu ermutigen, dasselbe zu tun; und da meine Geisteshaltung in jenem Land nicht gerade die der Begeisterung war, verzichtete ich auf den Ruhm meiner Entdeckung und verewigte sie weder auf Granit noch auf Papier.

Hätte ich unter dem Einfluß der damaligen Sorgen und Widrigkeiten geschrieben, wäre es mir nicht möglich gewesen, stolz auf diese Entdeckung zu sein, denn hätte es jemand gelesen, so hätte er mir den Vorwurf gemacht, daß es damit so weit her nun doch nicht sei. Das stimmt jedoch nicht, auch wenn ich bis heute nicht gewagt habe, es zu sagen: Mallorca ist für die Maler eine der schönsten und zugleich meist ignorierten Landschaften der Erde. Da, wo nicht mehr als pittoreske Schönheit zu beschreiben ist, ist der literarische Ausdruck so dürftig und ungenügend, daß ich mir nie habe träumen lassen, darüber zu schreiben. Man braucht Stift und Block des Malers, um den Reiselustigen die Großartigkeit und Schönheit der Natur darzustellen. Wenn ich heute die Lethargie von meinen Erinnerungen abschüttele, so liegt dies daran, daß ich an einem der vergangenen Tage ein wunderschönes Buch auf meinem Schreibtisch fand mit dem Titel *Erinnerungen an eine Kunstreise zur Insel Mallorca* von J. B. Laurens.

Es war mir wirklich eine Freude, Mallorca erneut zu entdekken, mit seinen Palmen, Aloen, seinen arabischen Bauwerken und griechischen Kleidern. Ich erkannte alle Orte in ihren eigenartigen Farben wieder, und ich wurde abermals Empfindungen gewahr, die ich endgültig ausgelöscht geglaubt hatte. Es gab keine Ruine und kein Gestrüpp, das nicht eine Reihe von Erinnerungen in mir wachgerufen hätte, wie man heutzutage sagt; und da fühlte ich, wenn auch nicht den Mut, von meiner Reise zu erzählen, so doch die Notwendigkeit, jene Laurens' zu kommentieren, einem intelligenten und fleißigen Künstler, der schnell und akkurat in seiner Arbeit ist. Ihm muß die Ehre zugestanden werden, auf die ich hätte Anspruch erheben können, nämlich die, Mallorca entdeckt zu haben.

Diese Reise Laurens' zum Zentrum des Mittelmeeres, an Gestade, an denen das Meer manchmal ebensowenig gastfreundlich ist wie die Bewohner der Insel, hat sehr viel mehr Bedeutung als die unserer beiden Engländer zum Montanvert. Wäre aber die europäische Zivilisation so weit fortgeschritten, daß sie auf Zöllner und Grenzsoldaten, diese sichtbaren Beweise des Mißtrauens und nationaler Antipathie, verzichten könnte, und gäbe es Dampfschiffahrt in diesen Regionen, dann würde Mallorca der Schweiz Konkurrenz machen, da man diese Insel in wenigen Tagen erreichen könnte. Und vermutlich fände man eine so unerwartete und eigentümliche Schönheit und eine so erhabene Größe vor, daß in der Malerei neue Motive entstünden.

Heutzutage kann ich diese Reise nur solchen Künstlern empfehlen, die robust und begeisterungsfähig sind. Es wird die Zeit kommen, da auch zartere Naturen und sogar schöne Frauen ohne größere Ermüdung und Unbequemlichkeit als nach Genua, nach Palma fahren können.

Lange Zeit eng verbunden mit der künstlerischen Arbeit Monsieur Taylors über die alten Baudenkmäler Frankreichs, entschied Monsieur Laurens im letzten Jahr, auf eigene Faust die Balearen zu besuchen, von denen er so wenig wußte, daß er gesteht, starkes Herzklopfen verspürt zu haben, als er seinen Fuß auf das Land setzte, das ihn als Entgegnung auf seine goldenen Träume so sehr enttäuschen hätte können. Aber er fand dort, was er suchte, und alle seine Hoffnungen erfüllten sich, denn, ich sage es noch einmal, Mallorca ist das Eldorado der Malerei. Alles auf der Insel ist pittoresk: angefangen bei der Hütte des Bauern, die – selbst auf die bescheidenste trifft das zu – die Tradition des arabischen Stils bewahrt hat, bis hin zum kleinen Kind, in Lumpen gewickelt und triumphierend sogar in seinem *großartigen Schmutz*, wie Heinrich Heine über den Gemüsemarkt von Verona sagt. Die Landschaft, reicher an Vegetation als die Afrikas, ist weiträumiger, ruhiger und einfacher. Sie ist das grüne Helvetien unter dem Himmel Kalabriens und mit der Feierlichkeit und dem Schweigen des Orients ausgestattet.

In der Schweiz vermitteln die überall vorhandenen Flüsse und die Wolken, die unaufhörlich am Himmel entlangziehen, dem Panorama eine große Beweglichkeit der Farbe und gewissermaßen eine Kontinuität innerhalb der Bewegung, die die Malerei nicht immer reproduzieren kann. Die Natur scheint sich über den Künstler lustig zu machen. Auf Mallorca hingegen erwartet sie ihn und lädt ihn ein. Dort erreicht die Vegetation hohe und bizarre Formen, aber sie entfaltet diesen ungeordneten Reichtum, während die schweizerische Landschaft häufig unter ihm verschwindet. Die Felsenspitze zeichnet ihre Umrisse ganz klar gegen einen strahlenden Himmel ab, die Palme neigt sich über die Abhänge, ohne daß die launische Brise ihre majestätische Krone in Unordnung brächte, und selbst der verkümmertste Kaktus am Wegesrand – alles scheint eine Art Euphorie auszustrahlen, die den Blick erfreut.

Wir werden zunächst eine kurze Beschreibung der größten Baleareninsel geben, in der üblichen Art eines Artikels in einem geographischen Nachschlagewerk. Das ist nicht so einfach, wie es scheint, besonders, wenn man versucht, sich im Land selbst zu informieren. Die Vorsicht des Spaniers und das Mißtrauen des Inselbewohners gehen so weit, daß ein Fremder niemanden nicht das Geringste fragen darf, auch nicht die unwichtigste Frage stellen darf, ohne Gefahr zu laufen, als politischer Agent betrachtet zu werden. Der gute Monsieur Laurens, der es wagte, eine Skizze des zerstörten Schlosses, das ihm gefiel, anzufertigen, wurde von dem argwöhnischen Generalkapitän eingesperrt und angeklagt, einen Plan seiner Festung anzufertigen.[2] So tat

---

[2] "Das einzige, das an diesem Ufer meine Aufmerksamkeit erregte, war eine braune Masse, umgeben von einem Wall von Kakteen. Es war das Schloß zu Sóller. Kaum hatte ich die Umrisse meiner Zeichnung fertiggestellt, als vier Individuen von so schrecklichem Aussehen, daß sie Lachen statt Furcht erregten, über mich herfielen. Ich

unser Reisender, der entschlossen war, sein Album an anderen
Orten als den Staatsgefängnissen zu vervollständigen, gut daran,
alles außer den Bergpfaden und den Ruinen zu erkunden. Nach
vier Monaten auf Mallorca hätte auch ich nicht mehr erreicht
als er, wenn ich mich nicht mit den wenigen Einzelheiten
beschäftigt hätte, die uns aus dieser Gegend überliefert sind.
Aber erneut werde ich von Zweifeln geplagt, denn diese schon
alten Werke widersprechen einander stark, und wie es unter
Reisenden üblich ist, kritisieren sie einander so sehr, daß es
nötig ist, einige Ungenauigkeiten zu korrigieren, wenn ich dabei
auch Gefahr laufe, neue Unklarheiten zu schaffen.

Hier also, trotz alledem, mein Artikel vom Typ eines geo-
graphisches Lexikons; und, um meiner Rolle als Reisende
gerecht zu werden, beginne ich mit der Erklärung, daß er ohne
Zweifel alle vorhergehenden übertrifft.

---

wurde für schuldig erklärt, den Plan einer Festung aufzustellen, was den Gesetzen des
Reiches zuwiderlief, und die Festung wurde zu meinem Gefängnis. Ich war weit davon
entfernt, mich in der spanischen Sprache beredsam ausdrücken zu können, um diesen
Leuten das Absurde ihres Verhaltens vor Augen zu halten, und es war nötig, um den
Schutz des französischen Konsuls in Sóller zu bitten. Trotz seiner Aktivität war ich drei
tödliche Stunden lang Gefangener und wurde überwacht von Monsieur Seisdedos,
Befehlshaber des Forts und ein wahrer Dragoner der Hesperiden. Von Zeit zu Zeit über-
fiel mich die Versuchung, jenen komischen Dragoner samt seiner lächerlichen Militär-
uniform von der Höhe des Turmes aus ins Meer zu werfen, aber sein Anblick ließ meine
Wut schwinden. Hätte ich das Talent Charlets gehabt, dann hätte ich die Zeit mit inten-
sivem Studium meines Befehlshabers verbracht, einem ausgezeichneten Objekt für eine
Karikatur. Andererseits vergab ich ihm seinen allzu großen, blinden Eifer um die
Gesundheit des Staates. Es war ganz natürlich, daß dieser arme Mann, der keine andere Abwechslung hatte, als eine Zigarre am Strand zu rauchen, die Gelegenheit nutzte,
die ich ihm gab, um einmal eine andere Beschäftigung zu haben. Ich kehrte also nach
Sóller zurück, amüsiert darüber, als Feind des Landes und der Verfassung gegolten zu
haben." (*Erinnerungen an eine Kunstreise zur Insel Mallorca*, von J. B. Laurens).

Der Hafen von Palma (J. B. Laurens 1839).

Kapitel II

M ALLORCA, das Monsieur Laurens wie die Römer *Balearis Major* nennt, habe ursprünglich *Clumba* oder *Columba* geheißen, so der König der Inselhistoriker, Dr. Juan Dameto. Die Hauptstadt dagegen hieß nie *Mallorca*, wie viele unserer Geographen behauptet haben, sondern *Palma*.

Diese Insel ist die größte und fruchtbarste des Balearenarchipels, der Ansatz eines Kontinents, dessen Land vom Mittelmeer überspült sein worden muß, und der, da er ohne Zweifel Spanien mit Afrika verband, vom Klima und den Produkten beider profitiert. Die Insel liegt 25 Meilen südöstlich von Barcelona, 45 Meilen vom nächstliegenden Hafen Afrikas und, ich glaube, 95 oder 100 vom Hafen Toulon entfernt. Ihre Oberfläche beträgt 1234 Quadratmeilen,[3] ihr Umfang 143, ihre größte Ausdehnung 54 und die kleinste 28. Die Bevölkerungszahl, im Jahre 1787 bei 136 000, beläuft sich heute auf fast 160 000; die Stadt Palma hat 36 000 Einwohner statt der 32 000 zu jener Zeit.

Die Temperaturunterschiede zwischen den verschiedenen Jahreszeiten sind erheblich. Der Sommer ist heiß in der Ebene, aber die Bergkette, die sich von Nordost nach Südwest ausdehnt

---

[1]   "Medida por el ayre. Cada milla de 1.000 pasos geométricos y un paso de cinco pies geométricos." Luftlinie. Jede Meile hat tausend geometrische Schritte und jeder Schritt fünf Fuß. (Miguel de Vargas, *Descripciones de las islas Pitusas y Baleares,* Madrid 1787).

(mit dieser Richtung ihre Identität mit Afrika und Spanien darstellend, deren nächstliegende Punkte diesem Verlauf entgegenkommen und den äußersten Ecken entsprechen), beeinflußt die Wintertemperaturen stark. So erinnert sich Miguel de Vargas, daß während des schrecklichen Winters von 1784 das Reaumursche Thermometer in der Bucht von Palma nur ein Mal an einem Januartag sechs Grad unter Null maß. An anderen Tagen stieg es bis auf 16 Grad an, und häufig stand es konstant bei 11. Diese Temperatur hatten wir etwa in einem normalen Winter in den Bergen Valldemossas, bekannt als eine der kältesten Gegenden der Insel. In den kältesten Nächten, mit zwei Zoll Schnee auf dem Boden, fiel das Thermometer nie unter 6 oder 7 Grad. Um acht Uhr morgens stieg es wieder auf 9 oder 10 an, und bis mittags auf 12 oder 14. Gegen drei Uhr nachmittags, einer Zeit, da die Sonne hinter den die uns umgebenden Bergspitzen verschwand, sank die Temperatur häufig erneut auf 9 oder 8 Grad ab.

Oft wehen heftige Nordwinde, und in einigen Jahren fällt im Winter so viel und so kontinuierlich Regen, daß wir in Frankreich uns gar keine nur annähernde Vorstellung davon machen können. Im allgemeinen ist das Klima im gesamten südlichen, afrikanahen Teil, der durch die mittlere Kordillere und die ziemlich steilen Nordküsten vor den Stürmen geschützt ist, gesund und sanft. Der Gesamtplan der Insel zeigt eine von Nordost nach Südwest verlaufende Oberfläche, und im Norden ist die Schifffahrt wegen des steilen Abfallens der Küste fast unmöglich, dieser "abschüssigen, schreckeneinflößenden Küste ohne Schirm und Schutz" (Miguel de Vargas), im Süden dagegen leicht und sicher.

• • •

Trotz des rauhen Klimas und der Stürme wird Mallorca sehr zu Recht "Goldene Insel" genannt. Sie ist äußerst fruchtbar und ihre Erzeugnisse sind von außergewöhnlicher Qualität. Der Weizen ist so rein und schön, daß die Bewohner ihn ausführen, und in Barcelona wird er eigens dazu benutzt, weißes, leichtes Gebäck herzustellen, sogenanntes *pan de Mallorca*. Die Mallorquiner führen aus Galizien und der Biscaya billigeren und schlechteren Weizen ein, mit dem sie sich ernähren. Aus diesem Grund ißt man in einem Land, das ausgezeichneten Weizen im Überfluß hat, schlechtes Brot. Ich weiß nicht, ob eine derartige Rechnung von Vorteil ist.

In unseren mittleren Provinzen, wo die Landwirtschaft weniger entwickelt ist, beweist die tägliche Arbeit des Bauern nur seine Eigensinnigkeit und Ignoranz. Dies geschieht in noch größerem Maße auf Mallorca, wo die Landwirtschaft, wenn auch sorgfältig betrieben, noch in den Kinderschuhen steckt. Nirgendwo habe ich gesehen, daß die Erde mit soviel Geduld und Ruhe bearbeitet wird. Die einfachsten Maschinen sind unbekannt, die Arme des Bauern sehr dünn und schwach. Im Vergleich zu den unsrigen kümmern sie sich um alles, aber mit enormer Langsamkeit. Sie brauchen einen halben Tag, um weniger Erde zu pflügen, als es in unserem Land in zwei Stunden geschähe, und fünf oder sechs sehr robuste Männer sind nötig, um eine Last zu bewegen, die der schwächste unter unseren Trägern sich lachend auf den Rücken packen würde.

Trotz dieser Schwäche ist auf Mallorca alles gepflegt, und dem Anschein nach gut gepflegt. Die Bewohner dieser Insel kennen keine Not, wird immer wieder gesagt. Aber inmitten der Reichtümer der Natur und unter dem schönsten Himmel ist ihr Leben rauher und auf triste Weise nüchterner als das unserer Bauern.

Die Reisenden sprechen für gewöhnlich immer von dem Glück dieser südlichen Völker, deren Trachten und pittoreske Erscheinung sonntags unter der Sonne leuchten, und deren Mangel an Ideen und Weitblick sie als die mustergültige Gemütsruhe des ländlichen Lebens betrachten. Es ist ein Fehler, den ich selbst begangen habe, aber von dem ich kuriert bin, seitdem ich Mallorca kenne.

Es gibt nichts Traurigeres und Armseligeres auf der Welt als diesen Bauern, der nicht mehr kann als beten, singen und arbeiten und der niemals denkt. Sein Gebet ist eine törichte Formel, die für seinen Geist nicht den kleinsten Sinn ergibt; seine Arbeit ist eine reine Muskelanstrengung, die durch kein Bemühen seiner Intelligenz erleichtert wird; und sein Gesang ist Ausdruck dieser monotonen Melancholie, die ihn unbewußt bedrückt, und deren Poesie ihn bewegt, ohne daß es ihm klar würde. Gäbe es nicht die Eitelkeit, die ihn hin und wieder aus seiner Lethargie herausholen und ihn zum Tanz auffordern würde, verschliefe er gar seine Feiertage.

Aber ich überschreite die Grenzen, die ich mir gesetzt habe und vergesse, daß sich der geographische Lexikonartikel vor allem mit der Wirtschaft, Produktion und dem Handel befassen muß und den Menschen erst an letzter Stelle, nach dem Getreide und der Viehzucht, erwähnt.

In allen geographischen Darstellungen, die ich untersucht habe, habe ich unter dem Stichwort *Baleares* diesen kurzen Hinweis gefunden, den ich hier unter dem Vorbehalt wiedergebe, später Betrachtungen daran anzuknüpfen, die seinen Wahrheitsgehalt schwächen werden: "Diese Inselbewohner sind *sehr entgegenkommend* (es ist bekannt, daß man auf allen Inseln die Menschen in zwei Klassen einteilen kann: die der Menschenfresser und die der sehr Freundlichen). Sie sind gutmütig, gastfreundlich, und es ist eine Seltenheit, daß sie Verbrechen verüben. Raub ist unter ihnen nahezu unbekannt." Auf dieses Thema werde ich also später zurückkommen.

Aber vor allem wollen wir von der landwirtschaftlichen Produktion sprechen, denn, wenn ich recht informiert bin, hat man kürzlich im Parlament (und somit unkluge) Worte über eine mögliche französische Besetzung Mallorcas geäußert, und ich denke, daß unsere Abgeordneten – sollte einigen von ihnen dieser Artikel in die Hände fallen – sich mehr für die Aussagen über die Landwirtschaft als für meine philosophischen Reflexionen über die Geisteshaltung der Mallorquiner interessieren werden.

● ● ●

Ich wiederhole: der Boden Mallorcas ist von bewundernswerter Fruchtbarkeit, und eine aktivere und intelligentere Bewirtschaftung würde sie noch verdoppeln. Die wichtigsten Ausfuhrgüter sind Mandeln, Apfelsinen und Schweine. O herrliche Hesperidengärten, bewacht von diesen unsauberen Dragonern! Es ist nicht meine Schuld, wenn ich mich gezwungen sehe, den Erinnerungen an euch die dieser unedlen Schweine hinzuzufügen, die der Mallorquiner sorgfältiger und mit mehr Begeisterung pflegt als eure wohlduftenden Blumen und goldenen Äpfel! Aber der Mallorquiner, der euch umhegt, ist nicht poetischer als der Abgeordnete, der mein Werk liest.

Ich kehre abermals zu meinen Schweinen zurück. Diese Tiere, lieber Leser, sind die schönsten der Erde, und Dr. Miguel Vargas spricht in ehrerbietiger Bewunderung von einem Ferkel, das mit nur eineinhalb Jahren 24 *arrobas*, das sind 600 Pfund, wog. Zu jener Zeit hatte die Schweinezucht noch nicht die Bedeutung, die sie heute auf Mallorca angenommen hat. Der Viehhandel wurde behindert von der Habgier der *asentistas* oder Lieferanten, denen die spanische Regierung die Versorgung mit Lebensmitteln anvertraut, das heißt, an sie verkauft hatte. In Ausübung ihrer heimlichen Macht widersetzten sich diese Spekulanten dem Viehexport und behielten sich das Recht vor, unbegrenzt einführen zu dürfen.

Diese Wucherpraxis hatte zur Konsequenz, daß die Haltung der Tiere vernachlässigt wurde. Das Fleisch wurde zu einem sehr niedrigen Preis verkauft, und da der Export verboten war, hatten die Züchter keine andere Wahl als Bankrott zu machen oder der Viehzucht den Rücken zu kehren. Sie verschwand alsbald, und der erwähnte Historiker bedauert traurig die Zeiten, da die Araber Mallorca beherrschten, denn allein auf dem Berg Artá wurden damals mehr Kühe und edle Stiere gezüchtet als heute in allen Ebenen Mallorcas zusammen.

Diese Verschwendung war nicht die einzige, die das Land seiner natürlichen Reichtümer beraubte. Derselbe Schriftsteller erzählt, daß die Berge, besonders der Torella und der Galatzó,

Kathedrale und Hafen von Palma (erstmals veröffentlicht von J. Hetzel, Paris 1856).

zu seiner Zeit berühmt waren, da dort die schönsten Bäume der Welt wuchsen. Es gab Olivenbäume, die 42 Fuß Umfang und 14 im Durchmesser maßen. Aber diese großartigen Wälder wurden von jenen Tischlern zerstört, die sich hier das nötige Holz für den Bau von Kanonenbooten beschafften, die während der Expedition Spaniens gegen Algerien eingesetzt wurden. Die Bedrängnis, der damals die Besitzer dieser Wälder ausgesetzt waren und die dürftigen Entschädigungen, die man ihnen zahlte, führten dazu, daß die Mallorquiner ihre Wälder zerstörten, anstatt sie auszuweiten. Heute ist die Vegetation immer noch so reich und schön, daß der Reisende nicht daran denkt, die Vergangenheit zu beklagen, denn heute wie damals, und auf Mallorca wie an jedem anderen Ort Spaniens, ist der *Mißbrauch* immer noch die stärkste aller Kräfte. Trotzdem hört der Reisende niemals eine Klage, denn wenn der Schwache ein ungerechtes Regime hinnimmt, schweigt er aus Furcht, und wenn das Übel schon geschehen ist, schweigt er aus Gewohnheit weiter.

Obwohl es die Tyrannei der *asentistas* nicht mehr gibt, hat sich die Viehzucht noch nicht wieder von ihrem Ruin erholt und wird es auch nicht, solange das Ausfuhrrecht auf den Schweinehandel beschränkt ist. In der Ebene sieht man sehr wenig Ochsen und Kühe, und auf den Bergen überhaupt keine. Das Fleisch ist mager und zäh. Die Schafe sind eine herrliche Rasse, aber sie werden falsch ernährt und gepflegt, die Ziegen, eine afrikanische Rasse, geben nicht den Zehnten der Milch der unsrigen.

Die Erde hat nicht genug Dünger, und trotz des Lobes, das die Mallorquiner ihrer Art der Bodenpflege zollen, glaube ich, daß die Alge, die sie verwenden, ein sehr schwacher Dünger ist, und daß der Boden nicht das hervorbringt, was ein so großzügiger Himmel verlangt. Ich habe diesen so geschätzten Weizen aufmerksam betrachtet, den zu essen die Bewohner der Insel sich nicht würdig genug befinden. Es ist genau derselbe, den wir in unseren zentralen Provinzen anbauen und den unsere Bauern den *weißen Weizen* oder *spanischen Weizen* nennen. In unserem Land sieht er genauso gut aus, trotz der klimatologischen

Unterschiede. Der mallorquinische müßte jedoch dem unseren überlegen sein, da wir rauhe Winter und sehr unterschiedliche Frühjahre haben. Aber auch unsere Landwirtschaft ist sehr primitiv und barbarisch, und in dieser Hinsicht müssen wir noch alle lernen, auch wenn der französische Bauer eine Energie und Zähigkeit aufweist, die der Mallorquiner als übersteigerten Eifer verachten würde.

Feigen, Mandeln, Oliven und Apfelsinen werden auf Mallorca reichlich produziert, aber da im Inneren der Insel Straßen fehlen, ist dieser Handel weit davon entfernt, die Ausdehnung und Aktivität aufzuweisen, die ihm eigentlich zukämen. Am Produktionsort werden 500 Apfelsinen für drei Francs verkauft, aber um die Ware mit Pferden vom Zentrum der Insel bis an die Küste zu transportieren, ist es nötig, eine dem Wert der Ware entsprechende Geldmenge aufzubringen. Diese Überlegung zwingt dazu, den Apfelsinenanbau im Inselinnern zu vernachlässigen. Nur im Tal von Sollér und in der Nähe der Buchten, wo unsere kleinen Schiffe beladen werden, wachsen diese Bäume in Fülle. Sie blühten überall, und auf unseren Bergen von Valldemossa, einer der kältesten Gegenden der Insel, hatten wir hervorragende Zitronen- und Apfelsinenbäume, letztere blühten allerdings etwas später als die in Sollér. In La Granja, einer anderen bergigen Gegend, haben wir Zitronen gepflückt, die so groß waren wie unser Kopf. Ich glaube, daß die Insel Mallorca allein ganz Frankreich mit ihren exquisiten Früchten versorgen könnte, und zum selben Preis, den wir in Hyères und an der Küste Genuas für die viel schlechteren Apfelsinen zahlen. Dieser Handel, der auf Mallorca so gelobt wird, wird also, genauso wie alles andere, aus stolzer Nachlässigkeit heraus nicht ausgenutzt.

Ähnliches kann man von der gewaltigen Olivenproduktion sagen. Die Früchte sind tatsächlich die schönsten, die es auf der Welt gibt, und die Mallorquiner wissen sie dank der arabischen Tradition perfekt anzubauen. Leider produzieren sie nur ranziges, ekelerregendes Öl, das uns anwidern würde und das sie, in größeren Mengen, immer nur nach Spanien exportieren werden können, wo man dieses schlechte Öl mag. Aber Spanien ist auch reich an Oliven, und wenn Mallorca es mit Öl versorgt, muß dies zu einem guten Preis geschehen. In Frankreich konsumieren wir Unmengen von Olivenöl, und wir haben sehr schlechtes, viel zu teures. Wenn unsere Produktionsweise auf Mallorca bekannt wäre und Mallorca über genügend Straßen verfügte, und wenn schließlich die Handelsschiffahrt ebenso organisiert wäre, hätten wir Olivenöl zu einem besseren Preis als dem gegenwärtigen, und rein und reichlich, wie streng der Winter auch sein mag. Ich weiß schon, daß die Olivenbauern Frankreichs es vorziehen, einige Tonnen der begehrten Flüssigkeit zu einem haushohen Preis an unsere Gewürzhändler verkaufen, die es dann mit Rüben- und Nußöl verlängern, um es zu einem *günstigen Preis* anzubieten; aber es wäre übertrieben, wenn wir verbissen und bei der Strenge des Klimas an diesem Produkt festhielten, wenn wir es in vierundzwanzig Stunden besser und billiger bekommen können.

Doch unsere französischen *asentistas* brauchen nicht zu sehr zu erschrecken: Auch wenn wir dem Mallorquiner und dem Spanier versprächen, in seinem Land einzukaufen und seinen Reichtum zu verdoppeln, würde er seine Gewohnheiten nicht ändern, denn die Spanier verachten jede neue Idee aus dem Ausland, und vor allem aus Frankreich, so sehr, daß ich nicht weiß, ob sie sich für Geld (das sie trotz allem für gewöhnlich nicht verachten) entschließen könnten, einen von den Vätern übernommenen Brauch zu ändern.[4]

---

[4] Dieses Öl ist so unerträglich, daß man sagen kann, auf Mallorca riechen Häuser, Bewohner, Kutschen und sogar die Landluft danach. Da man es für jedes Gericht verwendet, sieht man es in allen Häusern zwei oder drei Mal täglich rauchen, und die Wände werden allmählich davon getränkt. Wenn man sich in der freien Natur verliert, braucht man nur einzuatmen, und wenn der Wind zufällig den Geruch nach ranzigem Öl herüberträgt, kann man sicher sein, daß hinter einem kleinen Felsen oder, von Kakteengebüsch verdeckt, ein Haus zum Vorschein kommen wird. Wenn an dem urwüchsigsten und verlassensten Ort Sie dieser Geruch verfolgt, heben Sie den Kopf: auf hundert Schritte Entfernung wird ein Mallorquiner auf seinem Esel auftauchen, der den Hügel herunter auf Sie zureitet. Dies ist kein Scherz, auch keine Übertreibung, sondern die absolute Wahrheit.

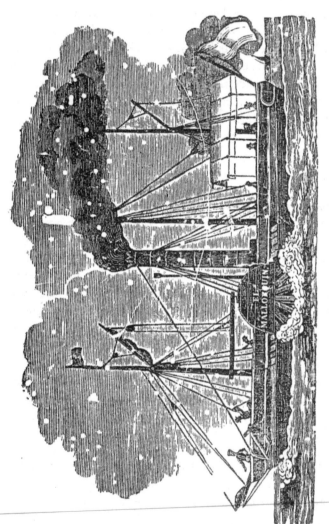

"El Mallorquin" (alter Stich; im Besitz des Museums Guasp).

Kapitel III

D A die Mallorquiner nicht wissen, wie Ochsen gemästet werden, da sie es nicht verstehen, die Schafwolle zu nutzen und die Kühe zu melken, weil sie Milch und Butter ebenso wie deren Weiterverarbeitung verachten; da sie nicht den Weizen zu züchten wissen, den sie auch essen würden und es nicht verstehen, Maulbeerbäume zu pflanzen, um Seidenraupenzucht zu betreiben; da sie nach und nach die Tischlerei verlernt haben, die früher blühte und jetzt gänzlich verlorengegangen ist; da sie keine Pferde haben, weil sich Mutter Spanien der Fohlen bemächtigt, um sie beim Heer zu verwenden, was mithin ein Grund für den Mallorquiner ist, nicht für die Kavallerie des Königreiches zu arbeiten, da er nicht als der Dumme dastehen will; da er es nicht für nötig hält, auch nur eine befahrbare Straße auf seiner Insel zu haben, weil das Exportrecht der Laune einer Regierung überlassen ist, die keine Zeit hat, sich um derartige Lappalien zu kümmern – aus all diesen Gründen vegetierte der Mallorquiner dahin und hatte nichts anderes zu tun oder zu sagen, als seinen Rosenkranz zu beten und seine Hosen zu flickken, die noch schlimmer dran waren als die Don Quixotes, seines Patrons im Elend und im Stolz, so lange, bis das Schwein auftauchte, um alles gutzumachen. Mit der Erlaubnis, diesen Vierfüßler exportieren zu dürfen, begann eine neue Ära, die Ära der Rettung.

Die Nachkommen der Mallorquiner werden dieses Jahrhundert das Zeitalter des Schweins nennen, so wie die Muselmanen in ihrer Geschichte das Zeitalter des Elefanten kannten.

Jetzt liegen weder die Oliven noch das Johannisbrot auf dem Boden herum, und die Kinder spielen nicht mehr mit der Kaktusfeige, während die Hausfrauen gleichzeitig lernen, sparsam mit den weißen Bohnen und den Kartoffeln umzugehen. Das Schwein läßt nichts verderben, da es alles frißt und das beste Beispiel für eine großzügige Gefräßigkeit ist, verbunden mit dem einfachsten Geschmack, den man der Gesamtheit der Nationen anbieten kann. Das Schwein Mallorcas hat Rechte und Privilegien, die man bis dahin nicht im Traume den Menschen gewährt hatte. Die Behausungen sind weiter und luftiger gestaltet worden, die Früchte, die auf dem Boden verdarben, werden eingesammelt, sortiert und konserviert, und die Dampfschiffahrt, zuerst als überflüssig und lächerlich angesehen, verbindet jetzt Insel und Kontinent.

Ich verdanke meinen Besuch auf Mallorca also dem Schwein, denn wenn ich diese Idee drei Jahre früher gehabt hätte, hätte ich darauf verzichten müssen, um die lange und gefährliche Reise nicht in einem Segelboot antreten zu müssen. Aber seit der Ausfuhrerlaubnis für Schweine hat die Zivilisation die Insel erreicht. In England hat man einen kleinen, schönen *Steamer* gekauft, nicht ausreichend, um gegen die Nordwinde, die in diesen Gegenden so schrecklich sind, anzukommen, aber bei ruhigem Wetter transportiert er einmal in der Woche 200 Schweine und, um die Ladung komplett zu machen, einige Passagiere nach Barcelona.

Die Sorge und das Zartgefühl, das man diesen Herren (ich spreche nicht von den Passagieren!) angedeihen läßt, überraschen, ebenso die Behutsamkeit, mit der man sie an Land bringt. Der Kapitän des *Steamer* ist ein sehr freundlicher Mann, der dadurch, daß er mit diesen edlen Tieren zusammenleben und sprechen muß, ihr Grunzen ebenso wie etwas von ihrer Ungezwungenheit angenommen hat. Wenn ein Passagier sich über den Lärm beklagt, den die Tiere veranstalten, antwortet der Kapitän ihm, das sei der Klang von Gold, das auf den Tisch falle. Wenn irgendeine Frau zimperlich genug ist, um sich über den Gestank auf dem gesamten Schiff zu beklagen, ist ihr Mann sofort zur Stelle, um ihr zu entgegnen, daß sie ohne die Schweine keine Seidenkleider, keine Hüte aus Frankreich und keine Mantillas aus Barcelona hätte. Wird ein Passagier seekrank, soll er nur nicht versuchen, ein Besatzungsmitglied um Hilfe anzugehen, denn die Schweine werden auch seekrank, und dieser Zustand wird bei ihnen von einer solchen Schwachheit und solchem Lebensekel begleitet, daß dies auf jeden Fall bekämpft werden muß. Dann wirft sich der Kapitän höchstpersönlich, bewaffnet mit einer Peitsche und gefolgt von Matrosen und Schiffsjungen, von denen jeder das in Händen hält, was er erreichen konnte, dieser einen Eisenstab, jener ein Seil, ohne Sympathie und Mitleid, aber in dem Wunsche, das Leben der geliebten Kundschaft zu erhalten, mitten unter sie, und sofort sieht sich die ganze schweigende, ruhig daliegende Herde, nun väterlich verprügelt, gezwungen, sich zu erheben, zu erregen, und auf diese Weise in heftiger Aufregung den schädlichen Effekt des Schwankens zu bekämpfen.

Als wir im März von Mallorca nach Barcelona zurückfuhren, war es unerträglich heiß; trotzdem war es uns nicht möglich, an Deck zu gehen. Auch wenn wir uns der Gefahr ausgesetzt hätten, daß irgendein schlechtgelauntes Schwein uns ins Bein gebissen hätte, wäre der Kapitän nicht damit einverstanden gewesen, daß wir seine Passagiere, die in den ersten Stunden der Reise sehr friedlich waren, mit unserer Gegenwart störten. Aber um Mitternacht merkte er, daß sie einen sehr traurigen Traum hatten und sich der schwärzesten Melancholie auszuliefern schienen. Da lenkte er sie mit seiner Peitsche ab, und jede Viertelstunde wurden wir regelmäßig durch so schreckliche Geräusche und Schreie aufgeweckt, die einerseits vom Schmerz und der Wut der bedrängten Schweine herrührten, andererseits vom Kapitän, der seine Untergebenen anfeuerte und den Flüchen, die diese von sich gaben, daß wir mehrmals glaubten, die Herde verschlänge die Besatzung.

Als wir schließlich in Barcelona vor Anker gingen, brannten wir darauf, uns von so seltsamer Gesellschaft zu trennen – und ich gestehe, daß mir die menschliche genauso zur Last zu fallen begann –, aber man erlaubte uns nicht, das Schiff zu verlassen, ehe nicht die Schweine Land betreten hatten. Während die Schweine ausgeladen oder von der Seekrankheit befreit wurden, hätten wir in unseren Kajüten ersticken können, ohne daß sich jemand darum gekümmert hätte.

Ich fürchte das Meer nicht, aber jemand aus meiner Familie war ernstlich krank. Die Überfahrt, der Gestank und der versäumte Schlaf hatten nicht eben dazu beigetragen, sein Leiden zu bessern. Der Kapitän schenkte uns nicht mehr Aufmerksamkeit als uns zu bitten, unseren Kranken nicht im besten Bett der Kajüte unterzubringen, denn nach spanischer Auffassung ist jede Krankheit ansteckend. Und da unser Mann schon daran gedacht hatte, die Matratze, auf der der Kranke lag, verbrennen zu lassen, so sollte es die schlechteste sein. Wir schickten ihn zu seinen Schweinen, und als wir zwei Wochen später an Bord der *Phénicien*, einem herrlichen Dampfschiff unseres Landes, nach Frankreich zurückkehrten, verglichen wir das Feingefühl der Franzosen mit der Gastfreundlichkeit des Spaniers. Der Kapitän der *El Mallorquín* hatte einem Todkranken das Bett verweigert. Der Kapitän aus Marseille hatte, als er den Kranken schlecht gebettet sah, die Matratzen aus seinem eigenen Bett geholt und sie ihm angeboten. Als ich unsere Reise bezahlen wollte, sagte der Franzose mir, ich hätte ihm zuviel Geld gegeben. Der Mallorquiner hingegen ließ mich das Doppelte zahlen.

Aus all dem Gesagten schließe ich nun nicht, daß der Mensch in einem Winkel der Erdkugel nur gut, im anderen nur schlecht ist. Schäbiges Verhalten unter der Menschheit ist nichts anderes als das Ergebnis einer schlechten materiellen Lage. Das Leiden bringt Furcht, Mißtrauen, Betrug und Kampf in jedem

Sinne hervor. Der Spanier ist ungebildet und abergläubisch, deshalb glaubt er an die Ansteckung, fürchtet Krankheit und Tod und kennt keinen Glauben und keine Nächstenliebe. Er lebt in Elend und Bedrückung, daher ist er habgierig, egoistisch, hinterlistig gegenüber Fremden. In der Geschichte sehen wir, daß der Spanier da, wo er sich als groß erweisen konnte, sich dieser Größe als würdig erwiesen hat. Aber er ist ein Mensch, und im Privatleben unterliegt er, wo der Mensch zu unterliegen pflegt.

Es war notwendig, daß ich diese Gedanken zuerst dargelegt habe, ehe ich von den Menschen spreche, so, wie ich sie auf Mallorca kennengelernt habe, und ich bitte um Entschuldigung, wenn ich zuviel von Oliven, Kühen und Schweinen gesprochen habe. Selbst die Länge dieses Artikels zeugt nicht von einem besonders guten Geschmack. Ich bitte diejenigen um Verzeihung, die sich von ihm persönlich betroffen fühlen, und nun beginne ich ernsthaft mit meiner Erzählung, in der ich nichts anderes tue, als Schritt für Schritt Monsieur Laurens und seinem Buch zu folgen, freilich weise ich darauf hin, daß mir vieles wieder einfallen wird, wenn ich in der Erinnerung von neuem die rauhen Wege Mallorcas gehe.

Kapitel IV

A BER wenn Sie nichts von Malerei verstehen – könnte man zu mir sagen –, *was zum Teufel machten Sie dann auf dieser verfluchten Galeere?* Ich möchte den Leser so wenig wie möglich damit belästigen, von mir und den Meinen zu sprechen; aber ich werde häufig dazu gezwungen sein, wenn ich erzähle, was wir auf Mallorca gesehen haben, *ich* und *wir*. Ich und wir ist die zufällige *Subjektivität*, ohne die die mallorquinische *Objektivität* sich in einigen, für den Leser vielleicht interessanten Aspekten, nicht offenbart hätte. Ich bitte diesen also, daß er meine Person als etwas völlig Passives betrachten möge, als ein Vergrößerungsglas, durch das er wahrnehmen kann, was in diesen fernen Ländern vor sich geht, von denen ein Sprichwort sagt: Besser glauben als sehen. Außerdem bitte ich den Leser, er möge sich davon überzeugen lassen, daß ich nicht die Absicht habe, ihn für Kleinigkeiten einzunehmen, die nur mich betreffen: Wenn ich sie hier anführe, so liegt das an meinem gleichsam philosophischen Ziel. Und wenn ich meinen Gedanken in diesem Sinne Ausdruck verliehen habe, wird man mir gerechterweise zugestehen, daß meine Erzählung nicht allzu selbstgefällig ist.

Ich werde also dem Leser, ohne mich noch länger aufzuhalten, mitteilen, warum ich auf dieser Galeere fuhr. Ich kann es in wenigen Worten: ich wollte reisen. Ich hingegen frage jetzt meinen Leser: wenn Sie reisen, lieber Leser, warum reisen Sie? Ich höre Sie schon so antworten, wie ich es an Ihrer Stelle auch getan hätte: "Ich reise, um zu reisen." Ich weiß sehr wohl, daß das Reisen an sich ein Vergnügen ist. Aber was ist es im Grunde, das uns auf die Suche nach diesem kostspieligen, ermüdenden, manchmal gefährlichen Vergnügen treibt, das immer voller unzähliger Enttäuschungen ist? Die Notwendigkeit zu reisen. Nun gut, welche Notwendigkeit ist das, warum sind wir alle mehr oder weniger von ihr besessen, und warum ergeben wir ihr uns, auch wenn wir oft erkannt haben, daß wir für immer ihr Gefangener sind und nie zufrieden sein werden?

Wenn Sie mir nicht antworten wollen, werde ich dennoch so frei sein, es für Sie zu tun. Es liegt daran, daß wir uns nie völlig an einem Ort wohlfühlen. In unserer Zeit ist, wie auch immer unser Ideal (oder, wenn Ihnen dieser Begriff nicht zusagt, unsere Vorstellung vom Besten) aussehen mag, die Reise eines der verlockendsten und betrügerischsten. Alles in dieser öffentlichen Welt geht schlecht. Die das bestreiten, fühlen es sehr tief und noch bitterer als jene, die es zugeben. Trotzdem bleibt die göttliche Hoffnung immer bestehen und führt ihr Werk in unseren armen Herzen fort und impft uns immer dieses Gefühl des Besten, diese ständige Suche nach dem Ideal, ein.

Die gesellschaftliche Ordnung, die nicht einmal die Sympathie ihrer Verteidiger hat, befriedigt niemanden, und jeder von uns tut das, was ihm eben am meisten Spaß macht. Der eine wirft sich der Kunst in die Arme, der nächste vergräbt sich in der Wissenschaft, und die meisten halten sich mit unwesentlichen Dingen auf. Alle reisen wir, sowie wir eine kleine Gelegenheit und Geld haben, oder besser gesagt, wir fliehen, denn das Wichtigste ist nicht so sehr das Reisen, sondern das Abreisen, verstehen Sie? Wer von uns hat nicht einen Schmerz zu vergessen oder ein Joch von sich zu werfen? Alle. Der, der nicht in Arbeit versinkt oder von Faulheit geplagt wird, ist nicht in der Lage – und dessen bin ich sicher –, lange Zeit am selben Ort zu verharren, ohne zu leiden und einen Wechsel herbeizuwünschen. Wenn jemand glücklich ist (um heutzutage glücklich zu sein, muß man sehr einflußreich oder aber sehr feige sein), meint er, Reisen vergrößere sein Glück noch. Verliebte und Jungvermählte fahren in die Schweiz oder nach Italien, ebenso wie die, die viel Muße haben, und die Schwermütigen. Mit einem Wort: jeder, der den Drang spürt zu leben, ist vom Fieber der umherirrenden Juden besessen und macht sich schnell auf den Weg, um in der Ferne ein Nest für die Liebe oder einen Ort zum Sterben zu suchen.

Ich will hier nicht etwa gegen die Völkerbewegungen protestieren, noch dafür plädieren, daß die Menschen in Zukunft an ihr Land gebunden sein sollen, an ihr Heim wie Polypen an den Schwamm! Aber wenn Intelligenz und moralisches Verhalten in Einklang mit der industriellen Entwicklung wachsen sollen, scheint mir, daß die Eisenbahnen nicht dafür geschaffen sind, Völker, die vom *Spleen* oder einem krankhaften Betätigungsdrang befallen sind, von einem Ort der Erde zum nächsten zu fahren.

Ich versuche, mir die Rasse Mensch glücklicher und daher ruhiger und aufgeklärter vorzustellen, mit zwei Arten von Leben: einem seßhaften, für das häusliche Glück, die Bürgerpflichten, gebildete Besinnlichkeit und philosophische Erbauung. Das andere, aktive, für fairen Güteraustausch, der den schändlichen Verkehr, den wir Handel nennen, ersetzen würde, für künstlerische Neigungen, wissenschaftliche Forschung und vor allem die Verbreitung von Ideen. Mit einem Wort, ich glaube, daß der Sinn der Reisen in der Notwendigkeit des Kontaktes, der Beziehung und des freundlichen Verkehrs mit Menschen besteht, und obwohl keine Pflicht damit verbunden ist, sollte es nicht nur zum Vergnügen sein. Andererseits glaube ich auch, daß der größte Teil von uns reist, um das Geheimnis, die Einsamkeit zu suchen, angetrieben von einem Unbehagen, mit dem unsereins persönlichen Eindrücken begegnet, seien sie angenehm oder schmerzhaft.

Was mich betrifft, so begab ich mich auf den Weg, um die Sehnsucht nach Erholung zu stillen, die ich zu jener Zeit ganz

besonders fühlte. Da für alle Dinge dieser Welt, die wir uns geschaffen haben, Zeit fehlt, dachte ich wieder einmal, daß ich bei
guter Suche einen ruhigen, einsamen Ort finden würde, wo ich
weder Briefe zu schreiben, noch Zeitungen zu lesen, noch Besuche zu empfangen hätte. Wo ich mir nicht den Morgenrock aus-
ziehen müßte, wo die Tage zwölf Stunden hätten, wo ich mich
von allen Pflichten, die die Gesellschaft mir auferlegt und der
intellektuellen Unruhe, die uns in Frankreich alle verzehrt,
befreien könnte, und ich dachte, ich könnte mich ein oder zwei
Jahre dem Studium der Geschichte widmen und mit meinen
Kindern unsere Sprache *von Grund auf* lernen.

Wer von uns hat nicht einmal egoistisch davon geträumt,
seine Angelegenheiten, Gewohnheiten, Bekanntschaften und
seine Freunde hinter sich zu lassen, um auf einer zauberhaften
Insel ohne Sorgen, Verpflichtungen und – vor allem – ohne Zei-
tung zu leben?

Man kann ernsthaft behaupten, daß das Zeitungswesen, dieses erste und letzte der Dinge, wie Äsop gesagt hätte, den Menschen ein neues Leben gegeben hat, voll Fortschritt, mit all dessen Vorteilen und Sorgen. Diese Stimme der Menschheit, die
uns jeden Morgen aufweckt, indem sie uns erzählt, was die Welt
am Vorabend erlebt hat, und die die größten Wahrheiten genauso verkündet wie die schrecklichsten Lügen, aber immer jeden
Schritt des Menschen und des kollektiven Lebens festhält, ist sie
nicht etwas Großartiges, trotz der Mängel und Fehler, die man
an ihr aufzeigen kann?

Aber während dies für unser Denken und Handeln notwendig ist, ist es nicht schmählich und widerwärtig, in allen Einzelheiten zu beobachten, daß der Kampf sich auf alle Gebiete aus-
gedehnt hat, und daß Wochen und Monate unter Flüchen und
Drohungen vergehen, ohne daß ein einziges Problem gelöst
worden wäre oder ein sichtbarer Fortschritt sich abzeichnete?
Und in dieser Wartezeit, die um so länger erscheint, je ausführ-
licher man uns alles beschreibt, haben wir Künstler, die wir keinen Einfluß auf das Staatsruder haben, nicht oft Lust, zu schla-

fen und erst nach einigen Jahren wieder aufzuwachen, um die neue Erde, auf die wir gekommen sind, zu begrüßen?

Wenn dies möglich wäre, wenn wir uns vom allgemeinen Geschehen absondern und uns einige Zeit lang völlig von der Politik isolieren könnten, wir würden uns bei unserer Rückkehr über den Fortschritt, der während unserer Abwesenheit stattgefunden hat, wundern. Aber mit dieser Gabe sind wir nicht gesegnet. Und wenn wir dem Tumult entfliehen, um Vergessen und Erholung im Schoß eines Volkes zu finden, das langsamer voranschreitet als wir oder einen weniger unruhigen Geist besitzt, werden uns Übel zuteil, die wir hätten voraussehen können, und wir bereuen es, die Gegenwart zugunsten der Vergangenheit verlassen zu haben, die Lebenden zugunsten der Toten.

Dies hier ist nun ganz einfach der Gegenstand meiner Geschichte und der Grund für die Mühe, die ich mit dem Schreiben auf mich genommen habe, obwohl ich es ungern tue und obwohl ich mir zu Anfang vorgenommen habe, daß ich meine persönlichsten Eindrücke für mich behalten wolle. Aber mir scheint im Augenblick, daß diese Trägheit als Feigheit ausgelegt werden könnte, und deshalb nehme ich es zurück.

Innenansicht der Kathedrale (J. B. Laurens 1839).

Kapitel V

IM November 1838 kamen wir in Palma an, bei einer Hitze, die der unsrigen im Juni entsprach. Wir hatten Paris zwei Wochen zuvor verlassen, weil es dort außerordentlich kalt war. Es war uns ein großes Vergnügen, dem Feind den Rücken zu kehren, nachdem wir schon die ersten Zeichen des Winters gespürt hatten. Zu diesem Vergnügen kam die Freude darüber hinzu, eine einzigartige Stadt mit vielen Bauwerken von einer Schönheit und Einmaligkeit ersten Ranges kennenzulernen.

Aber die Schwierigkeit, eine Unterkunft zu finden, machte uns bald Sorgen, und wir stellten fest, daß die Spanier, die uns Mallorca als das gastfreundlichste und vermögendste Land empfohlen hatten, sich ebenso getäuscht hatten wie wir uns. In einer Region, die den großen Zivilisationen Europas so nahe lag, gab es keine einzige Herberge – für uns unverständlich. Das Fehlen von Quartieren für Reisende hätte uns gleich deutlich machen sollen, was Mallorca im Vergleich zur übrigen Welt war, und wir hätten uns entschließen sollen, sofort nach Barcelona zurückzukehren, wo es wenigstens ein schlechtes Gasthaus gab, das sich übertriebenerweise *Hotel de las Cuatro Naciones* nannte.

In Palma muß man von mindestens zwanzig wichtigen Persönlichkeiten mehrere Monate im voraus empfohlen und angekündigt worden sein, um nicht im Freien schlafen zu müssen. Alles, was man für uns tun konnte, bestand darin, uns an einem seltsamen Ort zwei kleine, möblierte – besser gesagt: unmöblierte – Zimmer zu verschaffen. Die Fremden müssen sich dort mit einer Pritsche, deren Matratze weich und rund ist wie ein Schieferstein, einem Strohsessel sowie Pfeffer und Knoblauch als Nahrungsmittel zufriedengeben.

In weniger als einer Stunde konnten wir uns davon überzeugen, daß man uns böse Blicke zuwerfen würde, wenn wir uns nicht hocherfreut über diesen Empfang zeigten, so als hätten wir eine Unverschämtheit geäußert oder uns lustig gemacht. Auf jeden Fall aber würde man uns als verrückt betrachten. Wehe dem, der in Spanien nicht mit allem zufrieden ist! Die geringste Grimasse angesichts der elenden Betten oder eines Skorpions in der Suppe brächte die tiefste Verachtung mit sich und führte zu allgemeiner Entrüstung. Wir taten gut daran, uns nicht zu beklagen, und allmählich verstanden wir die Ursache für diesen Mangel an Mitteln und an Gastfreundschaft.

Abgesehen von der geringen Betriebsamkeit und Tatkraft der Mallorquiner wurden auch durch den Bürgerkrieg, der Spanien seit langer Zeit erschütterte, damals sämtliche Beziehungen zwischen der Insel und dem Festland unterbrochen. Mallorca war zu einem Refugium für alle Spanier geworden, die es unterbringen konnte, und die Eingeborenen, die sich in ihren vier Wänden verschanzten, hatten keine Lust, im Mutterland nach Abenteuern zu suchen oder Prügel einzustecken.

Hier muß noch hinzugefügt werden, daß eine Industrie völlig fehlte, und daß die Zölle, die auf alle für das Wohlergehen wichtigen Güter erhoben wurden, exzessiv waren.[5] In Palma

---

[5] Für ein Klavier, das wir aus Frankreich kommen ließen, forderte man 700 Franken Einfuhrzoll von uns. Das war fast der Wert des Instrumentes. Wir wollten es zurückschicken, aber das war nicht erlaubt. Es bis auf weiteres im Hafen zu lassen, war ebenfalls verboten. Es an einem anderen Ort der Stadt (wir lebten auf dem Lande) an Land zu holen, um so wenigstens den Torzoll zu vermeiden, der ein anderer ist als der Einfuhrzoll, war gegen das Gesetz. Es in der Stadt lassen, um den Ausfuhrzoll zu umgehen, der wiederum vom Einfuhrzoll zu unterscheiden ist, ging auch nicht. Das einzige, was wir tun konnten, war, das Klavier ins Meer zu werfen, und ich weiß nicht, ob das erlaubt war! Nach zweiwöchigen Verhandlungen erreichten wir, das es, anstatt durch ein bestimmtes Tor, durch ein anderes ausgeführt werden konnte, und so belief sich die Angelegenheit auf etwa 400 Franken.

ist nur für eine bestimmte Einwohnerzahl Platz, und je mehr diese ansteigt, desto enger rücken die Menschen zusammen. Nichts in den Häusern Mallorcas wird erneuert. Außer bei vielleicht zwei oder drei Familien hat sich die Einrichtung seit zweihundert Jahren kaum verändert. Man kennt weder das Reich der Mode, noch das Bedürfnis nach Luxus oder den Annehmlichkeiten des Lebens. Einerseits herrscht Apathie und andererseits gibt es Schwierigkeiten, diese Dinge zu beschaffen, und so lebt man. Man hat gerade das Notwendigste, aber nicht mehr. Daher ist die Gastfreundschaft auf Worte beschränkt.

Es gibt eine Redewendung auf Mallorca wie auch in ganz Spanien, mit der man vermeidet, etwas verleihen zu müssen. Sie besteht darin, alles anzubieten: *Das Haus und alles darin steht Ihnen zur Verfügung*. Man kann kein Bild betrachten, keinen Stoff berühren, keinen Stuhl anfassen, ohne daß man hört: *Está a la disposición de Usted*. Aber daß es ja niemand wage, auch nur eine Stecknadel anzunehmen, ohne daß dies als enorme Taktlosigkeit angesehen würde!

Ich beging bei der Ankunft in Palma eine derartige Unverschämtheit, und ich glaube nicht, daß der Marquis de *** sie mir jemals verziehen hat. Ich war diesem jungen Löwen aus Palma sehr empfohlen worden und hielt es keineswegs für ein Zeichen schlechten Anstands, seinen Wagen für einen Spaziergang anzunehmen. Er war mir so freundlich angeboten worden! Aber am folgenden Tag machte mir eine Nachricht des Marquis klar, daß ich gegen sämtliche Regeln der Gesellschaft verstoßen hatte. In aller Eile gab ich ihm den Wagen zurück, ohne ihn benutzt zu haben.

Trotz des Gesagten habe ich Ausnahmen von der Regel kennengelernt, aber sie gehörten zu jenen Personen, die gereist waren und, da sie die Welt kannten, gewissermaßen überall zu Hause waren. Wenn sich andere auch verpflichtet fühlten, uns ihrer Herzensgüte wegen entgegenzukommen, hätte niemand (und es ist notwendig, dies zu betonen, um die Not zu bezeugen, die dieses Land der Zölle und der fehlenden Industrie wegen leidet) uns ein Eckchen seines Hauses überlassen können, ohne Unbequemlichkeiten und Entbehrungen auf sich zu nehmen, und es wäre tatsächlich taktlos gewesen, wenn wir es angenommen hätten.

Wir erkannten diese Schwierigkeiten, als wir eine Unterkunft suchten. Es war unmöglich, in der gesamten Stadt eine einzige bewohnbare Unterkunft zu finden.

Eine Wohnung in Palma besteht aus vier absolut nackten Wänden ohne Türen oder Fenster. In den meisten Bürgerhäusern gibt es keine Glasfenster, und wenn die Bewohner diese Bequemlichkeit, die im Winter zur Notwendigkeit wird, haben wollen, müssen sie die Rahmen erst anfertigen lassen, denn jeder Mieter, der auszieht (und die Leute ziehen kaum um), nimmt die Fenster, Türriegel und sogar Türscharniere mit. Sein Nachfolger muß sie ersetzen, zumindest, wenn er nicht im Freien leben will, was in Palma ein weit verbreiteter Brauch ist.

Nun dauert es aber sechs Monate, bis nicht nur Türen und Fenster, sondern auch Betten, Tische, Stühle und jedes andere Möbel, wie einfach es auch sein mag, gebaut sind. Es gibt sehr wenig Arbeiter, sie arbeiten nicht schnell, und es fehlt ihnen an Handwerkszeug und Material. Es gibt immer einen Grund für den Mallorquiner, sich nicht zu beeilen. Das Leben ist so lang! Man muß Franzose sein, das heißt hitziger Ausländer, um etwas sofort erledigt haben zu wollen. Und wenn man doch schon sechs Monate gewartet hat, warum nicht noch sechs weitere? Und wenn Ihnen das Leben nicht gefällt, weshalb bleiben Sie dann hier? Halten Sie sich für unentbehrlich? ... Wir kämen sehr gut ohne die Ausländer aus. Sind Sie etwa hierher gekommen, um alles zu ändern? ... Oh! Auf gar keinen Fall! Wir, verstehen Sie uns recht, lassen Sie reden; aber wir machen, was wir wollen.

"Aber gibt es denn nichts zu mieten?"

"Mieten? Was ist das? ... Möbel mieten? Haben wir etwa welche übrig?"

"Aber werden sie nicht verkauft?"

"Verkauft? Dann müßten sie ja gemacht sein. Und haben wir etwa so viel Zeit, daß wir sie ohne Auftrag machen? Wenn Sie welche brauchen, dann lassen Sie sie aus Frankreich kommen, da es dort ja alles gibt."

Aber um sie aus Frankreich kommen zu lassen, müssen wir mindestens sechs Monate warten und Zoll zahlen. Wenn man also die Dummheit begeht, hierher zu kommen, gibt es keine andere Möglichkeit, sie wiedergutzumachen, als abzureisen? – Das würde ich Ihnen empfehlen. Auf jeden Fall wappnen Sie sich mit Geduld, viel Geduld; *mucha calma* empfiehlt der Mallorquiner immer.

Als wir bereit waren, diesen Rat mit unendlich gutem Willen in die Praxis umzusetzen, leistete man uns den zweifelhaften Dienst, uns ein Haus auf dem Lande zu vermieten.

Es handelte sich um das Landhaus eines reichen Bürgers, der es uns samt seinen Möbeln für wenig Geld überließ, zumindest nach unserer Auffassung, denn für die Einheimischen war es viel (circa hundert Francs pro Monat). Das Haus war möbliert wie alle auf der Insel. Es hatte Pritschen oder Betten aus grünbemaltem Holz, einige von ihnen waren aus zwei Böcken zusammengesetzt, auf die zwei Bretter und eine dünne Matratze gelegt wurden; Strohstühle, rohe Holztische; nackte, schön gekalkte Wände, und zuviel des Luxus, Glasfenster in fast allen Schlafzimmern; schließlich im sogenannten *salón* vier schreckliche Kaminschützer als Bilder, wie die, die man in unseren elendsten Hütten auf dem Lande sehen kann, und die Señor Gómez, der Besitzer, einfältigerweise eingerahmt hatte, als handelte es sich um wertvolle Drucke, die die Wände seiner Villa zieren sollten. Ansonsten war das Haus geräumig, luftig – zu luftig –, gut aufgeteilt und an einem sehr reizenden Ort am Fuße der Berge mit ihren fruchtbaren Hängen, in einem reichen Tal, von dem aus man die gelblichen Mauern Palmas, die große Silhouette der Kathedrale und das glänzende Meer am Horizont sehen konnte.

Die ersten Tage, die wir an diesem Ort verbrachten, vergingen mit Spaziergängen und Erkundungsmärschen, zu denen

Markt auf der "Plaça de Sant Antoni" in Palma (J. B. Laurens 1839).

uns ein herrliches Wetter und eine für uns fesselnde und unbekannte Natur einluden.

Nie fühlte ich mich weiter von meinem Land entfernt, obwohl ich einen großen Teil meines Lebens mit Reisen verbracht habe. Es war das erste Mal, daß ich eine Region und Vegetation kennenlernte, die grundsätzlich anders waren als die in unseren gemäßigten Breitengraden. Als ich in Italien lebte, ging ich an den Ufern der Toscana vom Schiff, und die großartige Vorstellung, die ich mir von dieser Gegend gemacht hatte, ließ mich ihre idyllische Schönheit und fröhliche Anmut nicht genießen. An den Ufern des Arno glaubte ich mich an denen des Indre, und ich gelangte nach Venedig, ohne von irgend etwas überrascht oder beeindruckt zu sein. Aber auf Mallorca konnte ich keinen Vergleich mit anderen Orten anstellen. Die Menschen, die Häuser, die Pflanzen, ja selbst kleine Steine am Wegesrand waren anders. Meine Kinder waren davon so beeindruckt, daß sie sie sammelten und unsere Koffer mit jenen schönen bunten Quarz- und Marmorsteinen füllen wollten, die für die Einfriedungen verwendet werden. Deshalb hielten uns die Leute vom Land, als sie uns sogar tote Zweige aufsammeln sahen, für Botaniker oder vielleicht gar für völlige Idioten.

Son Vent / Establiments (erstmals veröffentlicht von J. Hetzel, Paris 1856).

Kapitel VI

DIE Insel verdankt die Vielfalt ihrer Landschaft den ständigen Bewegungen der Erde, die seit Urzeiten von dramatischen Veränderungen heimgesucht worden ist. Der Teil, in dem wir wohnten und den man damals *Establiments* nannte, vereinte wenige Meilen der unterschiedlichsten Landschaften.

In unserer unmittelbaren Umgebung waren auf den fruchtbaren Anhöhen auf großzügigen Flächen, die sich unregelmäßig um die Hügel legten, alle anbaubaren Gewächse zu finden. Auf der ganzen Insel, die ständig von Regenfällen und plötzlichen Gewittern bedroht ist, sind diese Terrassen verbreitet. Dies ist für die Bäume sehr günstig und gibt dem Land das Aussehen einer wunderbar gepflegten Aue.

Zu unserer Rechten erhoben sich sanft ansteigende Hügel, von den Weiden bis hinauf zu den pinienbedeckten Bergen. Am Fuß dieser Berge verläuft im Winter und während der Sommergewitter ein Fluß, der bei unserer Ankunft nur aus dem mit ungeordneten Steinen angefüllten Bett bestand. Aber das sanfte Moos, das die Steine bedeckte; die von Grün umgebenen kleinen Brücken, von der Wucht des Stromes leicht beschädigt und halb verdeckt von den Blättern der Weiden und Pappeln; das Ineinanderverwobene dieser schönen, schlanken und dicht belaubten Bäume, die sich neigten, um so eine grüne Wiege von einem zum anderen zu bilden; ein dünner Wasserfaden, der still zwischen Schilf und Myrthen dahinplätscherte, und oftmals eine Gruppe Kinder, Frauen und Ziegen, die in dem Bachbett ausruhten, dies alles machte den Ort eines Gemäldes würdig. Jeden Tag gingen wir dort spazieren. Wir nannten diese Ecke *Poussin* (nach Nicolás Poussin, dem französischen Maler, 1594-1665), denn diese freie, anmutige und stolze Natur erinnerte uns in ihrer Melancholie genau an jene Orte, die der große Meister besonders geliebt hatte.

Einige hundert Schritte von unserem beschaulichen Ort entfernt teilte sich der Bach in verschiedene Verzweigungen, und sein Lauf schien sich in der Ebene zu verlieren. Die Oliven- und Johannisbrotbäume vereinten ihre Zweige über dem Feld und verliehen dieser reizenden Gegend das Aussehen eines Waldes.

Auf den vielen Hügeln, die diesen baumbewachsenen Teil umrahmten, erhoben sich einige Bauernhütten in großem Stil, obwohl sie tatsächlich sehr klein waren. Man kann sich nicht vorstellen, wieviele Häuser, Ställe, Vorhallen, Innenhöfe und Gärten ein *pagès* (Bauer mit Grundbesitz) auf einer Fanega Land unterbrachte, und welch angeborener Geschmack diese launische Anordnung unbewußt begleitete. Das Häuschen besteht für gewöhnlich aus zwei Stockwerken mit flachem Dach, dessen äußersten Rand eine Galerie umgibt wie eine Reihe von Zinnen, die ein florentinisches Dach krönen. Dieser symmetrische Rand verleiht den einfachsten und ärmsten Bauten einen Hauch von Größe. Die großen Mengen von Maiskolben, die an der Luft getrocknet werden und zwischen allen Öffnungen der Galerie hängen, bilden ein dichtes Gebinde aus Rot und Bernsteingelb, dessen Wirkung unglaublich mannigfaltig und verführerisch ist. Um das Häuschen herum erhebt sich eine dichte Hecke aus Feigenkakteen, deren einzigartige Blätter sich ineinander verschlingen und so eine Mauer gegen die kalten Winde bilden, während sie gleichzeitig die schwache Barriere aus Seegras und Schilf stärken, die die Schafe schützen soll. Da diese Bauern sich nie untereinander bestehlen, benutzen sie auch zur Umzäunung ihres Besitzes Gewächse. Gehölze von Mandel- und Apfelsinenbäumen umgeben den Garten, in dem nur Paprika und Tomaten angebaut werden. All dies leuchtet in starken Farben, und häufig breitet eine Palme, um das schöne Bild dieses Ortes abzurunden, ihren graziösen Schatten aus oder neigt sich mit der Anmut eines schönen Federbusches.

Diese Gegend ist eine der blühendsten der Insel und die Gründe, die Monsieur Grasset de Saint-Sauveur in seiner *Reise auf die Balearen* hierfür anführt, bestätigen das, was ich hinsichtlich der allgemeinen Mangelerscheinungen beim Landbau auf Mallorca gesagt habe. Die Beobachtungen dieses Regierungsbeamten aus dem Jahre 1807 über die Apathie und Ignoranz der mallorquinischen Bauern führten ihn dazu, den Ursachen nachzugehen. Und er fand zwei Hauptgründe.

Der erste war die große Anzahl an Klöstern, die einen Teil der ohnehin schon geringen Bevölkerung schluckten. Dieser ungünstige Umstand ist dank des strengen Erlasses Mendizábals verschwunden, was ihm die gottergebenen Mallorquiner nie verzeihen werden.

Der zweite Grund ist der Geist der Knechtschaft, der unter ihnen herrscht, und der sie zu Dutzenden den Reichen und Adligen dienen läßt. Dieser Mißbrauch besteht immer noch in vollem Umfang. Jeder aristokratische Mallorquiner, obwohl es ihm keinerlei Annehmlichkeit verschafft, hat eine vielköpfige Dienerschaft, die er sich mit seinem kargen Einkommen hält. Man kann nicht schlechter bedient werden als von dieser Kategorie Diener ehrenhalber. Fragt man sich, wie ein reicher Mallorquiner sein Einkommen ausgeben kann, in einem Land ohne Luxus und irgendwelche Verlockungen, so ist es zunächst schwierig, eine Antwort zu finden, bis man sieht, daß sein Haus von Faulenzern beiderlei Geschlechts bewohnt wird, die einen Teil des Gebäudes beanspruchen, und die nach einem Jahr Dienst bei ihrem Herrn das Recht auf lebenslange Wohnung, Kleidung und Nahrung erhalten. Diejenigen, die den Dienst kündigen wollen, können dies unter Verzicht auf bestimmte

Vorteile tun, aber die Tradition erlaubt ihnen, jeden Morgen mit ihren alten Arbeitskameraden Schokolade zu trinken und, wie Sancho im Hause Camachos, an allen fröhlichen Schmausereien des Hauses teilzunehmen.

Am Anfang erscheinen diese Bräuche patriarchalisch, und man ist fast geneigt, das republikanische Denken, das hinter dieser Bindung zwischen Herr und Diener steht, zu bewundern, aber man entdeckt bald, daß dies ein Republikanismus im Stil des alten Roms ist, und daß diese Diener wegen der Faulheit oder der Armseligkeit ihrer Herren an deren Eitelkeit gekettet sind. Auf Mallorca ist es ein Luxus, fünfzehn Diener in einem Haus zu halten, in dem zwei ausreichen. Und wenn man das weite, brachliegende Land sieht und eine stilliegende Industrie, die beide aus Unfähigkeit und Desinteresse vernachlässigt werden, weiß man nicht, wen man mehr verachten soll: den Herrn, der die moralische Trägheit seiner Mitmenschen so fördert und aufrechterhält, oder den Sklaven, der die erniedrigende Muße einer Arbeit vorzieht, mit der er seine Unabhängigkeit erlangen würde und die menschenwürdiger wäre.

Gezwungen durch die zunehmenden Ausgaben und die schwindenden Einnahmen haben einige reiche Eigentümer sich jedoch entschlossen, der Sorglosigkeit ihrer Dienerschaft ein Ende zu bereiten und den teuren Preis für ihre Arbeiten einzusparen. Sie haben einen Teil ihrer Ländereien mittels Zinssystems an ihre Bauern verkauft, und Monsieur Grasset de Saint-Sauveur bestätigt, daß auf allen großen Gütern, wo dieses System angewendet worden ist, die offenbar unfruchtbare Erde in den Händen der an ihrer Verbesserung interessierten Männer so viel produzierte, daß in wenigen Jahren beide Teile ihr Los gebessert hatten und zufrieden waren.

Die Aussagen Monsieur Grassets zu diesem Punkt haben sich voll bestätigt und heute ist die Gegend von *Establiments* so wie andere zu einem großen Garten geworden, die Bevölkerung ist gewachsen, viele Häuser sind auf den Hügeln gebaut worden, die Bauern haben einen gewissen Wohlstand erreicht, der ihre Leistungsfähigkeit unterstützt, auch wenn sie noch immer nichts gelernt haben. Viele Jahre werden noch vergehen müssen, bis der Mallorquiner rege und fleißig wird, und er wird nötigenfalls wie wir die schmerzhafte Phase des individuellen Gewinnstrebens durchmachen, um zu verstehen, daß dies nicht das Ziel der Menschheit ist, und bis dahin können wir ihm ruhig seine Gitarre und seinen Rosenkranz lassen, mit denen er die Zeit totschlägt. Aber ohne Zweifel ist diesen kindlichen Völkern ein besseres Schicksal vorbehalten als uns, die wir ihnen eines Tages die wahre Zivilisation beibringen werden, ohne ihnen vorzuhalten, wieviel wir für sie getan haben. Sie sind nicht ausreichend entwickelt, um revolutionäre Stürme herauszufordern, wie sie uns das Verlangen nach Veränderung auf die Häupter geladen hat. Allein, verdammt, verlacht und bekämpft von der übrigen Welt haben wir riesige Schritte getan und der Lärm unserer gewaltigen Schlachten hat diese kleinen Völker, die in Reichweite unserer Kanonen im Mittelmeer wohnen, nicht aus dem Schlaf gerissen. Es wird der Tag kommen, an dem wir ihnen die Taufe der wahren Freiheit gewähren werden, und sie werden sich zum Bankett niederlassen wie die Arbeiter der zwölften Stunde. Laßt uns den gemeinsamen Appell unseres gesellschaftlichen Schicksals finden, unsere geheimsten Träume verwirklichen, und während die Nachbarnationen Schritt für Schritt in unsere revolutionäre Kirche eintreten, werden diese armseligen Inselchen, deren Schwäche sie der Gnade der Mutterländer aussetzt, die sich um sie streiten, überstürzt zu unserer Kommunion gelaufen kommen.

Während der Wartezeit auf diesen Tag, an dem wir, die Pioniere Europas, das Gesetz der Gleichheit für alle Menschen und der Unabhängigkeit für alle Völker verkünden werden, wird das Gesetz des Stärkeren im Kriege, oder das des Geschicktesten im diplomatischen Spiel, die Welt regieren. Das Menschenrecht ist nicht mehr als eine Phrase, und das Los aller isolierten, kleinen Völker, *wie der Transsylvanier, der Türken und der Ungarn,[6]*

ist es, vom Sieger verschlungen zu werden. Wenn das immer so sein müßte, wünschte ich Mallorca nicht die Vormundschaft Spaniens, Englands, nicht einmal Frankreichs, und ich würde mich so wenig um die Zukunft seiner Existenz kümmern wie um die seltsame Zivilisation, die wir nach Afrika bringen.

[6]   La Fontaine: Fabel von den Dieben und dem Esel.

Kapitel VII

WIR waren drei Wochen in *Establiments*, als der Regen begann. Bis dahin hatten wir herrliches Wetter gehabt. Die Zitronenbäume und die Myrthen standen immer noch in Blüte, und an den ersten Dezembertagen war ich bis um fünf Uhr morgens bei sehr angenehmen Temperaturen auf der Terrasse an der frischen Luft. Sie können mir ruhig glauben, denn ich kenne auf der ganzen Welt niemanden, der leichter friert als ich, und die Begeisterung für die Schönheit der Natur macht mich gegen die geringste Kälte nicht unempfindlicher. Andererseits war meine Nachtwache trotz der großartigen Landschaft, die vom Mond erleuchtet wurde, und trotz des Duftes der Blumen, der mich erreichte, nicht gerade erhebend, denn ich war nicht Dichterin auf der Suche nach Inspiration, sondern Müßiggängerin, die betrachtete und lauschte. Ich erinnere mich, vollauf damit beschäftigt gewesen zu sein, die Geräusche der Nacht aufzunehmen und ergründen.

Ganz sicher und gewiß hat jedes Land seine Harmonie, seine Klagen, seine Schreie, sein geheimnisvolles Murmeln, und diese Sprache der Dinge ist eine Besonderheit, die den Reisenden mit am meisten beeindruckt. Das geheimnisvolle Plätschern des Wassers über kalte Marmorwände, der langsame und gemessene Schritt der Wächter auf der Mole, der spitze und fast kindliche Schrei der Mäuse, die einander auf den glitschigen Steinplatten verfolgen und jagen, schließlich all die heimlichen und eigenartigen Laute, die das traurige Schweigen venezianischer Nächte stören, haben keinerlei Ähnlichkeit mit dem Rauschen des Meeres, mit dem *Quién vive?* der Wachposten und dem melancholischen Gesang der *Serenos* in Barcelona. Der Lago Maggiore verfügt über andere Harmonien als der Genfer See. Das ständige Knacken der Tannenzapfen in den Schweizer Wäldern ähnelt in nichts den Geräuschen, die man auf den Gletschern hört.

Auf Mallorca ist das Schweigen tiefgründiger als in anderen Ländern. Die Maultiere und Esel, die die Nacht auf der Weide verbringen, unterbrechen die Stille manchmal mit ihren Glokken, deren Ton heller und melodischer klingt als der Schweizer Kühe. An den verlassensten Orten und in den dunkelsten Nächten erklingt der Bolero. Es gibt niemanden auf dem Lande, der nicht zu jeder Tages- und Nachtzeit seine Gitarre bei sich hätte. Von meiner Terrasse aus hörte ich auch das Meer, aber so weit entfernt und leise, daß mir das seltsam phantastische und schöne Gedicht der Djins wieder einfiel:

Ich lausche,
alles flieht.
Man zweifelt,
die Nacht,
alles geht vorbei;
der Raum
löscht
das Geräusch aus.

Vom Nachbargehöft her hörte ich das Weinen eines Kindes und vernahm, wie die Mutter ihm ein sehr schönes mallorquinisches Schlaflied sang, monoton, sehr traurig, sehr arabisch. Aber andere, weniger poetische Stimmen brachten mir den groteskeren Teil Mallorcas wieder in Erinnerung.

Die Schweine erwachten und klagten auf eine kaum beschreibbare Weise. Aufgeschreckt von den Stimmen seiner geliebten Säue, wachte der *pagés*, das Familienoberhaupt, auf, so wie vorher die Mutter vom Weinen ihres Kindes. Ich hörte, wie er das Fenster öffnete und die Bewohner des benachbarten Stalles mit imposanter Stimme schalt. Die Schweine verstanden dies auf Anhieb und entschlossen sich zu schweigen. Danach begann der *pagés*, vermutlich um wieder einzuschlafen, mit Grabesstimme seinen Rosenkranz zu beten, die Stimme wurde mit seiner Müdigkeit leiser und schwoll wieder an, wie das ferne Murmeln des Meeres. Von Zeit zu Zeit ließen die Schweine noch einmal ein wildes Grunzen hören, dann erhob der Bauer seine Stimme ein wenig, ohne das Gebet zu unterbrechen, und die gelehrigen Tiere, von einem *Ora pro nobis* oder einem auf eine bestimmte Weise gebeteten *Ave Maria* beruhigt, verstummten sofort. Was das Kind betrifft, so lauschte es gewiß mit offenen Augen und in jener Art Betäubung, in die die unverständlichen Geräusche den erwachenden Verstand des Menschens versetzen, der sich erst auf rätselhafte Weise entwickelt, ehe er sich artikuliert.

Aber plötzlich, nach diesen so feierlichen Nächten, begann es zu regnen. Eines Morgens, nachdem der Wind uns die ganze Nacht mit seinen tiefen Seufzern begleitet hatte, während der Regen an unsere Scheiben klopfte, hörten wir beim Aufwachen das Rauschen des Wildbachs, der sich einen Weg durch sein steiniges Bett zu bahnen begann. Am folgenden Tag war seine Stimme noch mächtiger. Zwei Tage später riß er die Steine mit sich, die ihm den Weg versperrten. Alle Blüten waren von den Bäumen gefallen und der Regen drang in unsere schlecht geschlossenen Zimmer ein.

Man kann sich nicht vorstellen, daß die Mallorquiner auf die möglichen Angriffe von Wind und Regen so wenig vorbereitet sind. Ihre Selbsttäuschung und Prahlerei sind in dieser Hinsicht so enorm, daß sie diese zufälligen, aber beachtlichen Unliebsamkeiten ihres Klimas einfach abstreiten. Noch nach zwei Monaten Regen, den wir ertragen mußten, behaupteten sie, daß es auf Mallorca nie regne. Hätten wir die Lage der Berg-

Aquarell von Maurice Sand. Aufschrift des Künstlers: Son Vent 1838 /
Mayorque [sic] / La cuisinière. Son Vent 1838
/ Mallorca / Die Köchin

gipfel und die vorherrschende Windrichtung etwas aufmerksamer beobachtet, so hätten wir von vornherein erkennen können, daß uns unvermeidliche Übel drohten.

Aber es wartete noch eine andere Überraschung auf uns, und zwar jene, die ich schon erwähnt habe, als ich vom Ende unserer Reise erzählte. Einer der Unsrigen wurde krank. Von sehr delikater Gesundheit und an einer starken Halsentzündung leidend, wurde er bald von den Folgen der Feuchtigkeit heimgesucht. Das Haus des Windes (*Son Vent* in der einheimischen Sprache), so der Name des Gutes, das Señor Gómez an uns vermietete, wurde unbewohnbar. Die Wände waren so dünn, daß der Kalk, mit dem unsere Schlafzimmer geweißt worden waren, sich wie ein Schwamm vollsog. Nie hatte ich so gefroren, auch wenn es tatsächlich gar nicht so kalt war. Aber uns, die wir daran gewöhnt waren, im Winter zu heizen, erschien jedes Haus ohne Kamin wie ein Eismantel, der über unsere Schultern gelegt wurde, und ich war wie gelähmt.

Wir konnten uns nicht an den erstickenden Geruch der Kohlebecken gewöhnen, und unser Kranker begann zu leiden und zu husten.

Von jenem Augenblick an wurden wir für die Bevölkerung zu einem Gegenstand des Schreckens. Wir wurden als Lungenkranke bezeichnet, was etwa der Pest gleichkommt, wenn man an die Vorurteile der spanischen Medizin gegenüber der Ansteckung denkt. Ein reicher Arzt, der für die bescheidene Summe von nur fünfundvierzig Francs sich beehrte, uns einen Besuch abzustatten, erklärte, es sei gar nichts und verschrieb uns nichts. Wir gaben ihm den Spitznamen *Malvavisco*, wegen seines einzigen Rezepts, einem Malvenaufguß.

Ein anderer Arzt kam uns freundlicherweise zu Hilfe, aber die Apotheke in Palma war so leer, daß wir nur schlechte Medizin vorfanden. Die Krankheit wurde schlimmer, weil Ursachen hinzukamen, die weder Wissenschaft noch Pflege wirksam bekämpfen konnten.

Eines Morgens, wir waren wegen des andauernden Regens

Son Vent / Establiments (Aquarell von Maurice Sand).

und der dadurch entstandenen Leiden sehr besorgt, erhielten wir einen Brief des wütenden Gómez, der uns auf spanische Weise erklärte, daß wir eine Person *hätten*, die eine Krankheit *hätte*, die zur Infizierung seines Hauses führen könne und das Leben seiner Familie bedrohe, weshalb er uns bitte, seinen Palast unverzüglich zu verlassen.

Sein Befehl war kein großes Ärgernis für uns, denn wir konnten dort ohnehin nicht bleiben, wenn wir in unseren Zimmern nicht ertrinken wollten, aber unser Kranker war nicht in der Verfassung, ohne Gefahr transportiert werden zu können, vor allem, wenn man die mallorquinischen Transportmittel und das Wetter bedachte. Und schließlich hatten wir das Problem, daß wir nicht wußten, wohin wir ziehen sollten, denn da die Nachricht über unsere Schwindsucht sich unaufhaltsam verbreitete, konnten wir nicht darauf vertrauen, irgendwo eine Herberge für eine einzige Nacht zu finden, nicht einmal für Gold. Ohne die Gastfreundschaft des französischen Konsuls, der Wunder vollbrachte, um uns alle unter seinem Dach aufzunehmen, hätten wir in einer Höhle Unterschlupf suchen müssen wie richtige Zigeuner.

Es geschah noch ein anderes Wunder: Wir fanden Asyl für den Winter. Im Kartäuserkloster von Valldemossa gab es einen spanischen Flüchtling, der sich irgendeines politischen Motivs wegen dort versteckt hatte. Als wir das Kloster besuchten, überraschten uns seine distinguierten Manieren ebenso wie die melancholische Schönheit seiner Frau und das rustikale und komfortable Mobiliar in seiner Zelle. Die Poesie, die dieses Kloster umgab, hatte mir den Kopf verdreht. Es ergab sich, daß das geheimnisvolle Paar überstürzt das Land verlassen wollte, und aus diesem Grund war es bereit, uns die Zelle zu überlassen, und wir, sie anzunehmen. Für die bescheidene Summe von tausend Francs hatten wir also ein komplettes Mobiliar, allerdings eines, wie wir es in Frankreich für hundert Taler hätten kaufen können: so rar, teuer und schwierig ist es, auf Mallorca die allernötigsten Gegenstände zu erwerben.

Obwohl wir vier Tage in Palma verbrachten, an denen ich

mich kaum vom Kamin trennte, den der Konsul glücklicherweise besaß (es regnete in einem fort), werde ich hier eine Pause
in meiner Erzählung einlegen, um vor allem die Hauptstadt
Mallorcas zu beschreiben. Monsieur Laurens, der sie im darauffolgenden Jahr erforschte und in den schönsten Ansichten skiz-
zierte, wird wegen seiner größeren archäologischen Kompetenz
der Führer sein, den ich dem Leser nun präsentiere.

Zweiter Teil

Die arabischen Bäder in Palma (J. B. Laurens 1839).

Kapitel I

O BWOHL Mallorca vierhundert Jahre lang von den Arabern besetzt war, hinterließen sie nur wenige Spuren. In Palma ist nur noch ein kleines Bad von ihnen erhalten.

Von den Römern gibt es überhaupt keine Spuren mehr, und von den Karthagern nur einige Reste in der Nähe der alten Hauptstadt Alcudia und die Überlieferung, daß Hannibal dort geboren worden sei, die Monsieur Grasset de Saint-Sauveur allerdings mallorquinischer Prahlerei zuschreibt, wenn sie auch nicht ganz ohne Wahrheitsgehalt ist.[7]

Aber der arabische Stil hat sich in den kleinsten Bauten niedergeschlagen, und es war notwendig, daß Monsieur Laurens alle kunstgeschichtlichen Fehleinschätzungen seiner Vorgänger berichtigte, damit unwissende Reisende wie ich nicht auf Schritt und Tritt authentische Spuren arabischer Architektur zu entdecken glaubten.

"Ich habe", schreibt Monsieur Laurens, "in Palma Gebäude gesehen, deren Entstehungsdatum sehr alt scheint. Aber die architektonisch interessantesten und die ältesten gehören alle

---

[7] "Die Mallorquiner glauben, daß Hamilkar auf dem Wege von Afrika nach Katalonien mit seiner schwangeren Frau an einem Ort der Insel Halt gemacht hat, wo ein der Lucina geweihter Tempel gebaut wurde und Hannibal auf die Welt kam. Die gleiche Erzählung findet man in der 'Geschichte Mallorcas' von Dameto." (Grasset de Saint-Sauveur).

zum beginnenden 15. Jahrhundert, allerdings zeigt sich diese herrliche und zierliche Kunst nicht so wie in Frankreich.

"Die Häuser haben über dem Erdgeschoß nicht mehr als ein Stockwerk und eine sehr niedrige Kornkammer.[8] Der Eingang von der Straße her besteht aus einem Portal oder einem schmucklosen Bogen, aber seine Größe und die große Zahl der um ihn gelegten Steine geben ihm ein grandioses Aussehen. In die großen Räume im ersten Stockwerk fällt das Licht durch riesige Fenster, die von mehreren kleinen Säulen unterteilt werden, was ihnen ein gänzlich arabisches Aussehen verleiht.

"Diese Eigenart ist so auffallend, daß ich mehr als zwanzig ebenso gebaute Häuser untersuchen mußte, und sie in all ihren Einzelheiten prüfen mußte, um festzustellen, daß diese Fenster nicht aus einem dieser märchenhaften maurischen Paläste, wie beispielsweise der Alhambra in Granada, stammten.

"Nur auf Mallorca habe ich Säulen gefunden, die bei einer Höhe von sechs Fuß nicht mehr als drei Zoll Umfang haben. Aus der Feinheit ihres Marmors und dem Stil ihrer Kapitelle, die sie krönen, schloß ich, daß sie arabischen Ursprungs waren. Auf jeden Fall ist der Anblick dieser Fenster ebenso herrlich wie einzigartig.

"Der Speicher, das oberste Stockwerk, ist eine Galerie oder vielmehr eine Folge von aneinandergereihten Fenstern, wie die einer *Lonja*. Schließlich schützt ein sehr weit vorspringendes Dach, das von kunstvoll geschnitzten Balken getragen wird, dieses Stockwerk vor Regen oder Sonne und erzeugt wegen der langen Schatten, die es auf das Haus wirft, einmalige Lichteffekte, die durch den Kontrast zwischen dem ockergelben Bau und den leuchtenden Farben des Himmels noch verstärkt werden.

"Die Treppe, die mit viel Geschmack angelegt worden ist, liegt in einem Innenhof im Mittelpunkt des Hauses und ist vom Eingang getrennt, der durch eine Vorhalle zur Straße führt und

---

[8] Es sind eigentlich keine Kornkammern, sondern vielmehr Trockenböden, die auf der Insel *porxes* genannt werden.

in dem einige Pilaster auffallen, deren Kapitelle mit gemeißelten Blättern oder mit einem von Engeln getragenen Wappen geschmückt sind.

"Nach der Renaissance haben die Mallorquiner beim Bau ihrer Häuser mehr als ein Jahrhundert lang viel Überflüssiges eingeführt. Obwohl die Anordnung immer gleich geblieben ist, haben sie bei der Vorhalle und den Treppen ihren architektonischen Geschmack verändert, und darum findet man überall toskanische oder dorische Säulen. Die Treppenflügel und Balustraden verleihen den Villen der Aristokraten immer ein opulentes Aussehen.

"Diese Vorliebe für verzierte Treppen und diese Reminiszenz an den arabischen Stil findet man auch in den einfachsten Räumen, selbst wenn nur eine einzige Treppe direkt von der Straße zum ersten Stockwerk führt. Dann ist jede Stufe von Fayencefliesen mit leuchtenden Blumen in blau und rot bedeckt."

Die zitierte Beschreibung ist sehr exakt, und die Bilder von Monsieur Laurens zeigen die Eleganz im Inneren der Häuser, deren Säuleneingänge hervorragende und dennoch ganz einfache Dekorationen für unsere Theater wären.

Diese Innenhöfe, die mit Fliesen ausgelegt und manchmal wie der *Cortile* venezianischer Paläste von Säulen umgeben sind, haben in ihrer Mitte meist einen Brunnen. Im Vergleich zu unseren schmutzigen und nackten Höfen sehen diese ganz anders aus und dienen einem anderen Zweck. In ihnen sind niemals Ställe oder Kutschenschuppen untergebracht, sondern es sind wirkliche Innenhöfe, vielleicht ein Überbleibsel des römischen Atriums. Die Brunnen in der Mitte ersetzen tatsächlich das *Impluvium*.

Sind diese Säulengänge mit Blumengebinden und Rohrgeflechten geschmückt, haben sie ein elegantes und gleichzeitig strenges Aussehen, dessen Poesie die Mallorquiner, die sich für ihre unzeitgemäßen Wohnräume ständig entschuldigen, nie verstehen werden. Wenn Sie ihren Stil bewundern, lächeln sie in dem Glauben, Sie hätten sich über sie lustig gemacht, oder vielleicht verachten sie insgeheim diesen albernen Überschwang französischer Höflichkeit.

Andererseits ist nicht alles in den Häusern der mallorquinischen Aristokratie so poetisch. Es gibt gewisse Details, die so widerlich sind, daß ich sie meinen Lesern nicht beschreiben möchte, es sei denn, ich würde meinen Brief auf Lateinisch beenden, wie Jacquemont in seiner Beschreibung der indischen Sitten.

Da ich des Lateins unkundig bin, empfehle ich den Neugierigen jenes Kapitel bei Monsieur Grasset de Saint-Sauveur, das – zwar weniger ernsthaft als Monsieur Laurens, aber dennoch sehr realistisch – über den Zustand der Speisekammern auf Mallorca, in Spanien und Italien berichtet. Dieser Abschnitt ist vor allem deshalb sehr interessant, weil er eine äußerst seltsame Vorschrift der spanischen Medizin beschreibt, die immer noch in Kraft ist.[9]

Das Innere der Paläste entspricht nicht ihrem Äußeren. Nichts ist sowohl bei Völkern wie bei Individuen aussagekräftiger als die Anordnung der Möbel in den Räumen. In Paris, wo die Launen der Mode und die Vielfalt der industriellen Produkte auf recht merkwürdige Art das Aussehen der Zimmer verändern, reicht es, in eine Wohnung einzutreten, um sofort eine Ahnung vom Charakter ihres Besitzers zu erhalten; ob er einen guten Geschmack hat und ordentlich, geizig oder nachlässig, nüchtern oder romantisch veranlagt, gastfreundlich oder ein Angeber ist. Ich habe, so wie jeder, meine eigenen Vorstellungen, was natürlich nicht ausschließt, daß ich mich häufig in meinen Schlußfolgerungen täusche, so wie jeder andere auch.

Ganz besonders schreckt mich ein nur wenig möbliertes und sehr ordentliches Zimmer. Wohnt darin nicht ein großer Geist mit einem weiten Herz, wie in einem Zelt und fern von allem Materiellen, so stelle ich mir den Gastgeber als ein Wesen mit leerem Kopf und kaltem Herzen vor. Wenn man wirklich zwi-

---

[9] Siehe Grasset de Saint-Sauveur, S. 119.

"Can Olesa", ein mallorquinisches Adelshaus (J. B. Laurens 1839).

schen vier Wänden lebt, verstehe ich nicht, daß man nicht das Verlangen spürt, sie zu füllen, sei es auch nur mit Klötzen und Körben, um etwas Lebendiges um sich herum zu haben, selbst wenn es nur eine arme Levkoje oder ein bedauernswertes Vögelchen ist.

Die Leere und Unbeweglichkeit schrecken mich, die Symmetrie und starre Ordnung machen mich traurig; und wenn ich mir in meiner Phantasie die ewige Verdammnis vorstellen würde, wäre es meine Hölle, für immer in jenen Häusern in der Provinz leben zu müssen, in denen perfekte Ordnung herrscht, in denen nie etwas an einen anderen Platz kommt, wo nichts gebraucht noch zerbrochen wird, und in die niemals ein Tier hereingelassen wird unter dem Vorwand, daß die lebendigen Dinge die unbelebten kaputtmachen. Weg mit allen Teppichen der Welt, wenn ich mich an ihnen erfreuen soll, ohne jemals ein Kind, einen Hund oder eine Katze darüberlaufen zu sehen!

Diese starre Sauberkeit entspringt nicht etwa einer wahren Liebe zur Reinlichkeit, sondern einer exzessiven Faulheit oder einer knausrigen Wirtschaft. Mit etwas Sorgfalt und Anstrengung könnte eine Hausfrau diese Sauberkeit im Haus, auf die auch ich nicht verzichten möchte, auf einfache Weise aufrechterhalten. Aber was soll man von den Gewohnheiten und Ansichten einer Familie sagen, deren *Heim* leer und leblos ist, ohne dafür den Vorwand oder die Entschuldigung des Sauberhaltens zu haben?

Wenn man sich auch, wie ich zuvor gesagt habe, leicht irren kann, was die persönlichen Schlußfolgerungen angeht, so trifft dies bei den allgemeinen Schlußfolgerungen sehr viel weniger zu. Der Charakter eines Volkes äußert sich in Bräuchen und Einrichtung ebenso wie in Gesichtszügen und Sprache.

Auf der Suche nach einer Unterkunft in Palma habe ich viele Häuser kennengelernt. Sie ähnelten einander so sehr, daß ich auf den allgemeinen Charakter ihrer Bewohner schließen konnte. Ich bin in keines dieser Häuser eingetreten, ohne daß sich mir das Herz vor Ärger und Schmerz zusammenzog, wenn ich nur die nackten Wände, die fleckigen und staubigen Fliesen und die seltsamen, schmutzigen Möbel erblickte. Alles spiegelte Gleichgültigkeit und fehlende Bemühung wider, nie sah ich ein Buch oder eine Handarbeit – die Männer lesen nicht und die Frauen nähen nicht einmal. Der einzige Hinweis auf eine häusliche Beschäftigung ist der Knoblauchgeruch, der die Arbeit am Herd bezeugt, und die einzigen Zeichen von Abwechslung sind die Zigarettenstummel, die auf dem Boden herumliegen.

Dieses Fehlen von intellektueller Tätigkeit macht das Zimmer zu etwas Totem, Leerem, das nichts mit unseren Wohnräumen gemein hat, was zur Folge hat, daß der Mallorquiner mehr Ähnlichkeit mit dem Afrikaner zeigt als mit dem Europäer.

So gleichen alle diese Häuser eher Karawanenunterkünften als wirklichen Wohnungen, denn eine Generation folgt der nächsten, ohne daß das Geringste verändert oder den Dingen des täglichen Lebens eine persönliche Note verliehen würde. Und während unsere Wohnungen ein Nest für die Familie sind, scheinen jene nur dazu zu dienen, Gruppen einer umherirrenden Bevölkerung für die Nacht aufzunehmen. Leute, die Spanien gut kennen, haben mir gesagt, daß im allgemeinen alle Häuser auf der Halbinsel so sind.

Wie ich schon erwähnt habe, besitzt der Säulengang oder das *Atrium* in den Palästen der "Herren" (so nennen sich die reichen Bürger Mallorcas gern) einen anheimelnden, ja sogar einladenden Charakter. Aber gelangt man über die elegante Treppe ins Innere der Schlafräume, scheint man an einen Ort gekommen zu sein, der lediglich der Siesta dient: weite, meist rechteckige Räume mit sehr hoher Decke, sehr kalt, sehr dunkel, völlig nackt, gekalkt, mit großen, alten und ganz dunklen Familienporträts, die in einer Reihe aufgehängt sind, aber so hoch, daß man sie kaum erkennen kann; vier oder fünf Stühle aus speckigem, von Insekten zerfressenen Leder, die von dicken goldenen Nägeln zusammengehalten wurden, die seit zweihundert Jahren nicht poliert worden sind; ein paar Decken aus venezianischer Spitze, oder langhaarige Schaffelle, die hier und da auf dem Boden liegen; sehr hoch angesetzte Fenster, von schweren Vorhängen bedeckt; breite Türen, wie die getäfelte Decke aus schwarzer Eiche; und dann und wann ein antiker Vorhang aus Goldstoff mit dem Familienwappen, reich verziert, aber mit der Zeit ausgebleicht und glanzlos geworden. So sehen die mallorquinischen Paläste von innen aus. Es gibt nur Eßtische. Spiegel sind so selten und wirken an den riesigen Wänden so klein, daß man kaum etwas darin erkennen kann.

Der Hausherr steht und raucht, in tiefes Schweigen versunken, die Dame sitzt in einem großen Sessel und vertreibt sich die Zeit mit dem Fächer, ohne an irgend etwas zu denken. Niemals sieht man die Kinder, die mit den Dienern in der Küche, auf dem Speicher oder sonstwo leben. Ein Geistlicher kommt und geht, ohne etwas Ersichtliches zu tun. Die zwanzig oder dreißig Hausangestellten halten Siesta, während eine alte, mürrische Dienerin nach dem fünfzehnten Mal Läuten die Tür öffnet.

Dieses Leben hat natürlich Charakter, wie wir in der unbegrenzten Anwendung dieses Begriffes heutzutage sagen würden. Aber wenn man den ruhigsten Bürger dazu verdammte, so zu leben, würde er aus Verzweiflung verrückt oder zu einem Aufwiegler.

Kapitel II

D IE drei wichtigsten Gebäude Palmas sind: die Kathedrale, die *Lonja* (Börse) und der *Palacio Real* (Königspalast).

Die Kathedrale, die die Mallorquiner Don Jaime dem Eroberer zuschreiben, ihrem ersten christlichen König und gewissermaßen ihr Karl der Große, wurde zwar während seiner Herrschaft begonnen, aber erst 1601 beendet. Sie ist von außergewöhnlicher Nacktheit. Der Kalkstein, aus dem sie gebaut wurde, ist sehr fein und von schöner Bersteinfarbe.

Dieses imposante Gebäude, das sich vom Meeresufer erhebt, wirkt beeindruckend, wenn man in den Hafen einläuft, aber was den Baustil angeht, so hat es nur ein erwähnenswertes Portal und zwar auf der Südseite. Monsieur Laurens, der Gelegenheit hatte, dieses Portal zu malen, bezeichnete es als ein herausragendes Beispiel gotischer Kunst. Das Innere der Kathedrale ist dagegen sehr feierlich und streng.

Da der Wind vom Meer her ungestüm durch die großen Öffnungen im Hauptportal wehte und während der Messen Bilder von den Wänden riß und heilige Gefäße umstürzte, hat man die Türen und Fenster auf dieser Seite zugemauert. Das Kirchenschiff mißt nicht weniger als fünfhundertvierzig Handbreit Länge und dreihundertfünfundsechzig Breite.[10]

---

[10]   Das spanische *palmo* (deutsch: Handbreit, ca. 21 cm) ist das *pam* in unseren südlichen Provinzen.

In der Mitte des Chores befindet sich ein recht einfacher Marmorsarg, der geöffnet wird, um den fremden Besuchern die Mumie König Jaimes II. zu zeigen, dem Sohn des Eroberers, einem frommen Prinzen, der so schwach und gutmütig war, wie sein Vater unternehmungslustig und kriegerisch.

Die Mallorquiner glauben, daß ihre Kathedrale die Barcelonas bei weitem überragt, ebenso ist nach ihren Aussagen ihre *Lonja* unvergleichlich schöner als die Valencias. Ich habe letzteres nicht überprüft, aber ersteres ist unhaltbar. In beiden Kathedralen kann man eine einzigartige Trophäe, die die meisten spanischen Metropolen schmückt, bewundern: das abscheuliche, turbanbedeckte Haupt eines Mohren aus bemaltem Holz, das die Verzierungen unterhalb der Orgel abschließt. Diese Darstellung eines abgeschlagenen Kopfes, manchmal mit einem langen, weißen Bart, ist im unteren Teil rot angemalt, um auf das unreine Blut des Besiegten hinzuweisen.

Auf den Schlußsteinen des Gewölbes in den Seitenschiffen erscheinen zahlreiche Waffenschilde. Ihr Wappen im Hause Gottes zu präsentieren, bedeutete für die mallorquinischen Edelmänner ein Privileg, das sie sich zu einem hohen Preis erkauften, und dank dieser Eitelkeitssteuer konnte die Kathedrale in einem Jahrhundert beendet werden, in dem die Frömmigkeit ziemlich zurückgegangen war. Man wäre sehr ungerecht, würde man den Mallorquinern allein eine Schwäche zuschreiben, die zu jener Zeit allen adligen Gläubigen gemeinsam war.

Am meisten beeindruckte mich die *Lonja* angesichts ihrer eleganten Proportionen und ihres originellen Charakters, der sowohl eine perfekte Regelmäßigkeit als auch eine überwältigende Einfachheit des Stils einschließt.

Diese Börse wurde in der ersten Hälfte des 15. Jahrhunderts erbaut. Der berühmte Jovellanos hat sie beschrieben und das *Magasin pittoresque* hat sie dem Volk schon vor vielen Jahren mit einem sehr anschaulichen Bild vorgestellt. Das Innere besteht aus einem geräumigen Saal, der von sechs spiralförmigen Säulen von eleganter Zartheit getragen wird.

"La Lonja", die alte Börse von Palma (J. B. Laurens 1839).

In früheren Zeiten Versammlungsort der Kaufleute und zahlreicher Schiffsreisenden, die nach Palma kamen, bezeugt die *Lonja* die vergangene Größe des mallorquinischen Handels. Heute dient sie lediglich öffentlichen Festlichkeiten. Es wäre gewiß reizvoll gewesen, in jenem antiken Ballsaal die Mallorquiner in den leuchtenden Trachten ihrer Vorfahren sich vergnügen zu sehen, aber der Regen hielt uns wie Gefangene in den Bergen fest, und es war uns nicht möglich, bei diesem Karneval dabeizusein, der zwar nicht so berühmt, aber vielleicht weniger traurig ist als der in Venedig. So schön ich die *Lonja* auch finde, so hat sie die Erinnerungen an das *Cadoro*, diese großartige Perle und ehemalige Münze am *Canale Grande*, nicht übertrumpfen können.

Der *Palacio Real* Palmas, dessen Stil Monsieur Grasset de Saint-Sauveur vorbehaltlos als romanisch und maurisch beschrieben hat (was ihn zu Gefühlen inspirierte, die ganz und gar dem Geschmack des *Empires* entsprachen), wurde offenbar 1309 erbaut. Monsieur Laurens äußert Zweifel hinsichtlich der Bogenfenster und der merkwürdigen Säulen, die er an diesem Bauwerk untersucht hat.

Wäre es sehr gewagt, die stilistischen Unregelmäßigkeiten, die man an so vielen mallorquinischen Bauwerken beobachten kann, der Einfügung älterer Fragmente in spätere Bauten zuzuschreiben? Wäre es, ähnlich dem Renaissancestil in Frankreich und Italien, der die Medaillons und Basreliefs der Griechen und Römer eingeführt hat, nicht möglich, daß die Christen auf Mallorca nach der Zerstörung der arabischen Bauwerke[11] die reiche Beute für ihre Bauten verwendeten?

---

[11] Die Einnahme und Plünderung Palmas durch die Christen im Dezember 1229 wird in der Chronik Marsiglis (unveröffentlicht) anschaulich beschrieben. Hier ein Ausschnitt:

"Die Diebe und Angreifer fanden bei ihrem Eintritt in die Häuser wunderschöne Frauen und bezaubernde junge arabische Mädchen vor, die Gold- und Silbermünzen, Perlen und Edelsteine, Gold- und Silberarmbänder, Saphire und alle möglichen wertvollen Geschmeide im Schoß hielten. Sie zeigten den bewaffneten Männern, die vor ihnen standen, alle diese Gegenstände und sagten bitterlich weinend zu ihnen auf ara-

Wie es auch gewesen sein mag, der *Palacio Real* hat ein wahrhaft pittoreskes Aussehen. Nichts ist unregelmäßiger, chaotischer und mittelalterlicher als diese herrschaftliche Herberge. Aber nichts ist auch so stolz, so charakteristisch, so nobel wie dieser Palast aus Gängen, Türmen, Terrassen und Bogenwerken, die bis zu einer beträchtlichen Höhe übereinandergesetzt sind und gekrönt werden von einem gotischen Engel, der aus dichten Wolken heraus über das Meer nach Spanien schaut.

Dieser Palast, in dem die Archive untergebracht sind, ist die Residenz des Generalkapitäns, der wichtigsten Persönlichkeit auf der Insel. Und hier die Beschreibung Monsieur Grasset de Saint-Sauveurs über das Innere der Residenz: "Der erste Raum ist eine Art Vorhalle, die den Wachen dient. Zur Rechten befinden sich zwei große Säle, in denen kaum ein Sitzplatz zu sehen ist.

"Der dritte ist der Audienzsaal, den ein Thron aus karmesinrotem Samt mit Goldtroddeln ziert. Dieser steht auf einem Podest mit drei teppichbedeckten Stufen. Zu beiden Seiten stehen zwei Löwen aus vergoldetem Holz. Der Thronhimmel ist ebenfalls aus karmesinrotem Samt und wird von Straußenfedern geschmückt. Über dem Thron hängen die Porträts des Königs und der Königin.

"Hier empfängt der General an Audienz- oder Galatagen die verschiedenen Mitglieder der Zivilverwaltung, Offiziere des Heeres und bedeutende Ausländer."

Der Generalkapitän, der die Funktion des Gouverneurs ausübt und für den wir Empfehlungsschreiben hatten, erwies

---

bisch: 'Dies ist alles für Dich, aber laß mir etwas zum Leben.' Die Gier nach Beute war jedoch so groß und die Weisungen so unverbindlich, daß die Männer des Königs von Aragón in den acht Tagen ihres Aufenthalts keinerlei Mitleid zeigten, sondern damit beschäftigt waren, nach versteckten Dingen zu suchen, die sie sich aneignen konnten. Es ging so weit, daß am darauffolgenden Tag, als weder der Koch noch die Offiziere des Königshauses aufzufinden waren, ein aragonesischer Adliger, Lado, zum König sagte: 'Mein Herr, ich lade Euch ein, mein Essen mit mir zu teilen, und außerdem sagte man mir, daß ich zuhause eine gute Kuh habe. Dort könnt Ihr diese Nacht speisen und schlafen.' Der König war sehr erfreut und folgte dem Adligen."

Der Almudaina-Palast (J. B. Laurens 1839).

uns tatsächlich die Ehre, uns in diesem Saal zu empfangen. Unser Begleiter fand diesen hohen Staatsangestellten neben dem Thron, der sicherlich derselbe war, den Monsieur Grasset de Saint-Sauveur 1807 beschrieben hat, aber er war schon recht abgenutzt, verschlissen und mit Öl und Wachs befleckt. Die beiden Löwen waren längst nicht mehr golden, aber sie zeigten immer noch ihre wilde Grimasse. Nur das königliche Porträt hatte sich verändert: jetzt war es die unschuldige Isabella, die den alten Goldrahmen einnahm, in dem ihre Vorfahren einander abgewechselt hatten wie Modelle im Passepartout eines Malerlehrlings. Der Generalkapitän, der wie Fürst Irenäus in E.T.A. Hoffmanns *Kater Murr* residierte, war ein recht geschätzter Mann und ein sehr freundlicher Prinz.

Ein viertes, sehr beachtenswertes Bauwerk ist der Rathauspalast, ein Werk aus dem 16. Jahrhundert, dessen Stil man zurecht mit dem florentinischer Paläste vergleichen kann. Vor allem das vorspringende Dach ist sehr interessant und erinnert an die Paläste in Florenz oder auch an Schweizer Häuser. Aber der mallorquinische Stil hebt sich hervor, indem der Vorsprung mit geschnitzten, hölzernen Rosetten versehen ist, die sich mit großen Karyatiden abwechseln. Diese scheinen das Vordach unter Schmerzen zu stützen, denn die meisten von ihnen haben das Gesicht in den Händen begraben.

Ich habe das Innere dieses Gebäudes, in dem sich die Gemäldesammlung der mallorquinischen Berühmtheiten befindet, nicht gesehen. Unter diesen bekannten Persönlichkeiten findet man Don Jaime als "Karokönig", ebenso ist ein uraltes Bild zu sehen, das das Begräbnis Ramón Llulls darstellt und auf dem viele unterschiedliche und bemerkenswerte alte Trachten abgebildet sind, die das zahlreiche Gefolge des berühmten Doktors trug. Schließlich gibt es auch in diesem Palast einen großartigen Heiligen Sebastian von Van Dyck, den niemand auf Mallorca mir gegenüber erwähnt hätte.

"Mallorca besitzt eine Kunstschule", so Monsieur Laurens, "die allein im 19. Jahrhundert sechsunddreißig Maler, acht

Bildhauer, elf Architekten und sechs Kupferstecher hervorgebracht hat, laut dem erst kürzlich von Antonio Furió herausgegebenen *Lexikon berümter Künstler Mallorcas* allesamt große Meister. Ich muß offen gestehen, daß ich mich während meines Aufenthaltes in Palma nicht von so vielen berühmten Persönlichkeiten umgeben glaubte und daß ich keine Hinweise auf ihre Existenz erkennen konnte ...

"Einige reiche Familien besitzen Bilder aus der Spanischen Schule ... Aber wenn Sie den Geschäften einen Besuch abstatten oder wenn Sie in das Haus eines einfachen Bürgers eintreten, werden Sie lediglich diese bunten Bilder vorfinden, die unsere Hausierer auf unseren öffentlichen Plätzen ausstellen und die sich in Frankreich nur unter das bescheidene Dach eines armen Bauern verirren."

Der meistgerühmte Palast Palmas ist der des Grafen Montenegro, einem achtzigjährigen Greis und ehemaligen Generalkapitän, der aufgrund seiner Herkunft und seines Reichtums zu den berühmtesten Persönlichkeiten Mallorcas zählt.

Jener Herr besitzt eine Bibliothek, die zu sehen er uns erlaubte, aber in der ich keinen Band öffnen durfte und von der ich nichts zu erzählen wüßte (obwohl ich Büchern gegenüber eine ehrfurchtvolle Scheu hege), wenn mich nicht ein Landsmann über die Bedeutung der Schätze aufgeklärt hätte, an denen ich gleichgültig vorbeiging wie der Hahn in der Fabel an den Perlen.

Dieser Landsmann,[12] der mehr als zwei Jahre in Katalonien und auf Mallorca verbracht hat, um Studien über die romanischen Sprachen zu betreiben, hat mir galanterweise seine Notizen überlassen und mir mit einer unter den Gebildeten seltenen Großzügigkeit erlaubt, sie nach meinem Gusto zu verwenden. Ich werde dies nicht tun, ohne dem Leser vorher mitzuteilen, daß diesen Reisenden die Dinge auf Mallorca so begeistert haben, wie sie mich desillusioniert haben.

---

[12] Monsieur Tastu ist einer unserer gebildetsten Linguisten und Gatte einer unserer talentiertesten und nobelsten Musen.

Zur Rechtfertigung meiner abweichenden Eindrücke kann ich sagen, daß während meines Aufenthalts die Bevölkerung Mallorcas gerade zwanzigtausend spanische Kriegsflüchtlinge aufgenommen hatte, und so fand ich Palma weniger bewohnbar und die Fremden bei den Mallorquinern weniger willkommen als noch zwei Jahre zuvor.

Andererseits nähme ich gerne öffentlichen Schimpf und Tadel entgegen, so wie es mir im Privaten schon ergangen ist. Aber das Publikum wird in Kürze mit einem viel genaueren und interessanteren Buch über Mallorca rechnen können, als es diese nachlässige und vielleicht ungerechte Erzählung ist, die ich mich zu schreiben verpflichtet fühle.

So soll Monsieur Tastu seine Reise getrost veröffentlichen, und ich versichere ihm, daß ich mit sehr großer Freude all das lesen werde, was meine Meinung über die Mallorquiner ändern könnte. Ich habe einige kennengelernt, die ich gern als Vertreter der Allgemeinheit betrachten würde und die hoffentlich meine Gefühle ihnen gegenüber nicht in Zweifel ziehen werden, wenn diese Schrift eines Tages in ihre Hände gelangt.

Ich lese also in den Notizen von Monsieur Tastu, daß zu den intellektuellen Reichtümern, die Mallorca noch besitzt, diese Bibliothek des Grafen von Montenegro gehört. Ich habe sie mit wenig Ehrerbietung in der stummen Begleitung des Hauskaplans besichtigt und war mehr damit beschäftigt, die Villa eines adligen mallorquinischen Junggesellen zu studieren. Es war ein außergewöhnlich tristes und bedrückendes Haus.

"Diese Bibliothek", sagt Monsieur Tastu, "ist von einem Onkel des Grafen von Montenegro aufgebaut worden, dem Kardinal Antonio Despuig, einem engen Freund Pius VI.

"Der weise Kardinal hatte alles vereint, was in Spanien, Frankreich und Italien von bibliographischer Wichtigkeit war. Derjenige Teil, der von der Numismatik und den antiken Künsten handelt, ist in einzigartiger Weise vollständig.

"Unter den wenigen Manuskripten, die dort aufbewahrt werden, gibt es eines, das für die Liebhaber der kalligraphischen

Kunst sehr sehenswert ist: Es handelt sich um ein Stundenbuch. Die wunderbaren Miniaturen stammen aus der Blütezeit der Schreibkunst.

"Die Freunde der Heraldik werden ein Buch vorfinden, in dem die Wappen der spanischen Adelsfamilien in ihren jeweiligen Farben aufgeführt sind, einschließlich die der Familien Aragóns, Mallorcas, Roussillons und Languedocs. Das Manuskript, das offenbar im 16. Jahrhundert entstanden ist, gehörte der Familie Dameto, die mit den Despuigs und den Montenegros verwandt ist. Bei der Durchsicht haben wir das Wappen der Bonapartes gefunden, von denen unser großer Napoleon abstammt und von dem wir ein entsprechendes Faksimile angefertigt haben ...

"In dieser Bibliothek befindet sich außerdem der prächtige Schiffsbrief des Mallorquiners Valseca. Bei diesem Manuskript aus dem Jahre 1439 handelt es sich um ein großartiges Meisterwerk der Illumination und der topographischen Zeichenkunst. Diese Karte gehörte Amerigo Vespucci, der sie zu einem sehr hohen Preis gekauft hatte, wie eine zeitgenössische Inschrift auf der Rückseite bezeugt: '*Questa ampla pelle di geographia fü pagata da Amerigo Vespucci CXXX ducati di oro di marco.*'

"Dieses wertvolle Dokument mittelalterlicher Geographie wird in Kürze als Fortsetzung des katalonisch-mallorquinischen Atlas aus dem Jahre 1375 veröffentlicht werden, und zwar im zweiten Teil des vierzehnten Bandes der 'Notizen aus Manuskripten der Akademie der Inschriften und Schönen Künste'."

Beim Schreiben dieser Zeilen stehen mir die Haare zu Berge, denn ich erinnere mich an eine schreckliche Szene.

Wir befanden uns in eben jener Bibliothek Montenegros und der Kaplan entfaltete vor uns diese Schiffskarte, ein herrliches und seltenes Dokument, das Vespucci für 130 Golddukaten erworben hatte, und für weiß Gott wieviel der Antiquitätenfreund Kardinal Despuig ... als es einem der vierzig oder fünfzig Hausangestellten einfiel, ein Tintenfaß auf eine Ecke des Pergaments zu stellen. Und das Tintenfaß war voll, bis an den Rand gefüllt!

Das Pergament, daran gewöhnt, eingerollt zu sein, ließ ein Rascheln hören und machte - vielleicht von einem bösen Geist getrieben - einen Satz und rollte sich wieder ein, wobei es das Tintenfaß mit sich nahm. Man vernahm einen allgemeinen Schrei, der Kaplan wurde weißer als das Pergament.

Langsam wurde die Karte erneut entfaltet, und alle hatten vergeblich gehofft. Ach! Das Tintenfaß war leer! Das Pergament war überschwemmt und die kleinen, schönen, in Miniaturen gezeichneten souveränen Staaten schwammen wortwörtlich in einem Meer, das schwärzer war als der Pont-Euxin.

Da verloren alle den Kopf. Ich glaube sogar, der Kaplan fiel in Ohnmacht. Die Angestellten liefen nach Wassereimern, als wenn es sich um einen Brand handelte, und mit Besen und Schwamm machten sie sich daran, die Karte zu säubern, wobei sie die Könige, Meere, Inseln und Kontinente wegwischten.

Bevor wir noch versuchen konnten, uns diesem fatalen Eifer zu widersetzen, war die Karte zu einem Teil zerstört, aber glücklicherweise war der Schaden nicht irreparabel: Monsieur Tastu hatte sie abgepaust, und dank seiner wird der Schaden mehr oder weniger gut behoben werden.

Aber wie groß mußte die Verwirrung des Almosenempfängers sein, als sein Herr davon erfuhr. Wir alle waren nur sechs Schritte vom Tisch entfernt, als die Katastrophe passierte, aber ich bin sicher, daß die ganze Schuld uns zugewiesen wurde und daß dieser Vorfall, dessen Urheber angeblich die Franzosen waren, nicht eben dazu beigetragen hat, uns auf Mallorca in guter Erinnerung zu behalten.

Dieses verhängnisvolle Ereignis vereitelte, daß wir die Großartigkeiten, die der Palast von Montenegro bietet, bewundern, geschweige denn sehen konnten: das Medaillenzimmer, die antiken Bronzen und die Gemälde. Wir verschwanden eiligst, ehe der Besitzer zurückkam, und da wir überzeugt waren, daß man uns für den Schaden veranwortlich machen würde, wagten wir nicht, zurückzukehren. Die Notiz des Monsieur Tastu ersetzt also in diesem Fall meine völlige Unkenntnis:

"Neben der Bibliothek des Kardinals ist ein Medaillenkabinett zu sehen, das keltisch-iberische, arabische, romanische und Münzen aus dem Mittelalter enthält, eine unschätzbare Sammlung, die leider ungeordnet ist und auf einen Gelehrten wartet, der sie katalogisiert und klassifiziert.

"Die Zimmer des Grafen von Montenegro sind mit antiken marmornen und bronzenen Kunstgegenständen dekoriert, die aus den Ausgrabungen bei Ariccia stammen oder vom Kardinal in Rom erworben wurden. Außerdem finden sich hier zahlreiche Gemälde der Spanischen und Italienischen Schule, von denen einige ohne weiteres in den besten Galerien Europas hängen könnten."

Ich muß auch zum Schloß von Bellver etwas sagen, der vormaligen Residenz der mallorquinischen Könige, obwohl ich es nur von weitem auf dem Hügel gesehen habe, von dem aus es majestätisch über das Meer herrscht. Es ist eine sehr alte Festung und eines der schlimmsten Staatsgefängnisse Spaniens.

"Die heutigen Mauern", berichtet Monsieur Laurens, "wurden Ende des 13. Jahrhunderts errichtet und sind hervorragend erhalten, sie machen das Schloß zu einem der interessantesten Bauwerke militärischer Architektur des Mittelalters."

Als unser Reisender die Festung besichtigte, fand er in ihrem Innern etwa fünfzig karlistische Gefangene vor, zerlumpt und fast nackt. Einige von ihnen waren noch Kinder und aßen mit fast anstößiger Freude eine wässrige Suppe aus dicken Fadennudeln. Sie wurden von Soldaten bewacht, die mit der Zigarre im Mund Socken stopften.

Man brachte damals tatsächlich alle Gefangenen im Schloß von Bellver unter, die die überfüllten Gefängnisse in Barcelona nicht mehr aufnehmen konnten. Aber auch berühmtere Gefangene sahen die schweren Türen hinter sich ins Schloß fallen.

Don Gaspar de Jovellanos, einer der gewandtesten Redner und aktivsten Schriftsteller Spaniens, büßte für seine berühmte Streitschrift *Pan y toros* im *torre del homenaje*, "*cuya cava*", so

Schloß Bellver (J. B. Laurens 1839).

Vargas, "*es la más cruda prisión.*" (im Turm der Ehre, "dessen Keller das brutalste Gefängnis ist.")

Er verbrachte seine traurigen Mußestunden damit, das Gefängnis mit wissenschaftlicher Akribie zu beschreiben und die tragischen Ereignisse zu rekonstruieren, die sich dort während der Kriege des Mittelalters abgespielt hatten.

Die Mallorquiner verdanken seinem Aufenthalt auf der Insel auch eine ausgezeichnete Beschreibung der Kathedrale und der *Lonja*. Mit einem Wort, seine Briefe über Mallorca sind die besten Dokumente, die es zu diesem Thema gibt.

Der gleiche Kerker, in dem Jovellanos saß, nahm wenig später eine andere, in Wissenschaft und Politik berühmte Persönlichkeit auf.

Diese kaum bekannte Episode aus dem Leben eines Mannes, der in Frankreich so berühmt ist wie Jovellanos in Spanien, wird den Leser sehr interessieren, denn es handelt sich dabei um eines der romantischsten Kapitel in einem Leben, das aus Liebe zur Wissenschaft aus tausend pittoresken und gefährlichen Abenteuern bestand.

Kapitel III

V ON Napoleon mit der Messung des Meridians beauftragt, hielt sich Monsieur Arago 1808 auf Mallorca auf, und zwar auf dem Berg Esclop de Galatzó, als ihn die Nachricht von den Ereignissen in Madrid und der Gefangennahme Ferdinands erreichte. Die Entrüstung der Mallorquiner war so groß, daß sie sich augenblicklich des französischen Gelehrten bemächtigen wollten. Sie kamen in großer Zahl auf den Esclop zu, um ihn zu töten.

Dieser Berg liegt an der Küste, an der Jaime I. anlegte, um Mallorca von den Arabern zu erobern. Und da Monsieur Arago häufig ein Feuer anzündete, glaubten die Mallorquiner, daß er einer französischen Flotte Signale zur Invasion gebe.

Einer der Inselbewohner namens Damián, Steuermann auf der Brigg, die die spanische Regierung zur Messung des Meridians zur Verfügung gestellt hatte, machte Monsieur Arago auf die ihm drohende Gefahr aufmerksam. Er verschaffte ihm eilig Seemannskleidung, damit er sich tarnen konnte.

Monsieur Arago verließ auf der Stelle seinen Berg und begab sich nach Palma. Auf dem Weg dorthin stieß er auf die Menge, die ihn suchte, um ihn in Stücke zu hacken, und sie fragten ihn nach dem verdammten *gabacho*, dessen sie sich entledigen wollten. Da er die Landessprache perfekt sprach, beantwortete er alle ihre Fragen, ohne erkannt zu werden.

Nach seiner Ankunft in Palma ging er an Bord der Brigg, aber der Kapitän, Don Manuel de Vacaro, der bisher zu seinen Diensten stand, weigerte sich entschieden, ihn nach Barcelona zu bringen. Als einziges Versteck an Bord bot er ihm eine Kiste an, in die Monsieur Arago jedoch nicht hineinpaßte.

Am darauffolgenden Tag versammelte sich eine drohende Menge am Ufer. Kapitän Vacaro machte Monsieur Arago darauf aufmerksam, daß er von nun an nicht mehr für sein Leben verantwortlich sei, und er fügte hinzu, daß seiner Meinung nach nur eine Rettungsmöglichkeit bestand, indem er als Gefangener nach Bellver ginge. Dafür stellte man ihm eine Schaluppe zur Verfügung, in der er übersetzte. Das Volk bemerkte dies und verfolgte ihn. Es hatte ihn fast eingeholt, als die Wachen der Festung ihn festnahmen.

Monsieur Arago blieb zwei Monate im Gefängnis, bis der Generalkapitän ihm die Nachricht sandte, daß er bei einer Flucht ein Auge zudrücken wolle. Er floh mit der Hilfe von Señor Rodriguez, seinem spanischen Kollegen bei der Vermessung des Meridians.

Derselbe Mallorquiner, Damián, der ihm auf dem Esclop de Galatzó das Leben gerettet hatte, fuhr ihn mit einem Fischerboot nach Algerien, denn er wollte auf gar keinen Fall in Frankreich oder Spanien an Land gehen.

Während seiner Gefangenschaft erfuhr Monsieur Arago von den Schweizer Soldaten, die ihn bewachten, daß mallorquinische Mönche ihnen Geld versprochen hatten, wenn sie ihn vergiften würden.

In Afrika geriet unser Gelehrter in viele andere Schwierigkeiten, die er nur unter Gefahren überwand. Aber das geht über unsere Erzählung hinaus, und wir vertrauen darauf, daß er selbst eines Tages diese interessante Geschichte aufschreiben wird.

Die mallorquinische Haupstadt stellt auf den ersten Blick ihr Wesen nicht zur Schau. Man muß ihr Inneres kennenlernen und bei Anbruch der Nacht in den tiefen und geheimnisvollen

Straßen einhergehen, um den eleganten Stil und das Ursprüngliche auch ihrer einfacheren Häuser bewundern zu können. Vor allem wenn man vom Norden, vom Inselinneren her in die Stadt kommt, zeigt diese erst ihr afrikánisches Gepräge.

Monsieur Laurens hat diese malerische Schönheit, die einen einfachen Archäologen nicht beeindruckt hätte, gespürt, und er zeichnete eine Ansicht, deren Großartigkeit und Melancholie mich am meisten beeindruckt hat: ich meine den Teil der Stadtmauer, auf dem sich unweit der Kirche San Agustín ein riesiges Viereck erhebt, dessen einzige Öffnung eine kleine gewölbte Tür ist.

Eine Gruppe eleganter Palmen krönt dieses Bauwerk, dem letzten Überbleibsel einer Festung der Tempelritter. Seine Traurigkeit und Nacktheit erregen Bewunderung angesichts des großartigen Bildes, das sich zu Füßen der Mauer darbietet, wo sich eine strahlende und fruchtbare Ebene erstreckt, die in der Ferne, in den blauen Bergen von Valldemossa, endet. Bei Einbruch der Dunkelheit verändert sich die Farbe dieser Landschaft von Stunde zu Stunde und wird immer harmonischer. Einmal haben wir sie zuerst in glänzendem Rosa, dann in silberfarbenem Lila und schließlich, mit Einsetzen der Nacht, in reinem und transparentem Blau gesehen.

Monsieur Laurens hat viele andere Ansichten von der Stadtmauer Palmas aus gezeichnet.

"Jeden Abend", berichtet er, "in den Stunden, da die Sonne den Dingen eine lebendige Farbe verleiht, ging ich langsam auf der Stadtmauer einher und hielt nach jedem Schritt inne, um das glückliche Zusammenspiel der Linien der Berge oder des Meeres mit den Dächern der Häuser in der Stadt zu betrachten.

"Hier war die Innenseite der Mauer mit einer dichten Aloehecke bewachsen, aus der Hunderte langer Stiele emporragten, deren Blütenstand riesigen Kandelabern glich. Weiter weg erhoben sich zwischen den Kakteen, Feigen- und Apfelsinenbäumen Gruppen von Palmen in den Gärten. Noch weiter entfernt sah man die Aussichtspunkte und Terrassen im Schatten der Weinreben und schließlich die Türme der Kathedrale, die Glockentürme und Kuppeln unzähliger anderer Kirchen, deren Silhouetten sich gegen den klaren und leuchtenden Himmel absetzten."

Ein anderer Spaziergang, der mir ebenso angenehm war wie Monsieur Laurens, war der, den ich in den Ruinen des Klosters Santo Domingo unternahm.

Am Ende einer von Marmorpfeilern getragenen Weinlaube stehen vier große Palmen, die wegen der terrassenartigen Erhebung dieses Gartens riesig anmuten und mit den Bauwerken der Stadt zu konkurrieren scheinen. Durch ihre Zweige hindurch kann man die Spitze der Fassade von San Esteban erkennen, den massiven Turm mit der Balearischen Uhr,[13] ebenso wie den Engelsturm des *Palacio Real.*

Dieses Inquisitionskloster, das in einen Trümmerberg verwandelt worden ist, in dem sich Bäumchen und duftende Pflanzen ausbreiten, hat nicht gegen den Lauf der Zeit verloren. Vor einigen Jahren zerstörte eine wirksamere und unergründlichere

---

[13]   Diese Uhr, die von den beiden bedeutendsten Historikern Mallorcas, Dameto und Mut, ausführlich beschrieben worden ist, ging vor dreißig Jahren noch und Monsieur Grasset de Saint-Sauveur berichtet von ihr: "Dieser uralte Apparat ist eine Sonnenuhr. Sie zeigt die Stunden vom Aufgang bis zum Untergang des Gestirns an und folgt dabei der größeren oder kleineren Ausdehnung des täglichen beziehungsweise nächtlichen Bogens. So schlägt sie am 10. Juni die erste Tagesstunde um fünf Uhr dreißig an und die vierzehnte um sieben Uhr dreißig; die erste Nachtstunde um acht Uhr dreißig und die neunte um vier Uhr dreißig des nächsten Morgens. Vom 10. Dezember an geht es genau umgekehrt. Während des ganzen Jahres werden die Stunden in Übereinstimmung mit dem Aufgang und Untergang der Sonne exakt bestimmt. Diese Uhr hat keinen großen Wert für die Landsleute, die moderne Uhren benutzen, aber sie dient den Gärtnern zur Festlegung ihrer Bewässerungszeiten. Es ist nicht bekannt, wann und von wo diese Uhr auf die Insel gebracht wurde. Man nimmt an, daß sie weder aus Spanien, noch aus Frankreich, Deutschland oder Italien stammt, wo die Römer die Einteilung des Tages in zwölf Stunden, von Sonnenaufgang an gerechnet, einführten. Ein Priester und Rektor der Universität von Palma versichert im dritten Teil seines Werkes über die arabische Religion jedoch, daß jüdische Flüchtlinge zur Zeit Vespasians diese berühmte Uhr aus den Trümmern Jerusalems gerettet und nach Mallorca, ihrem Zufluchtsort, gebracht hätten. Dies ist ein sonderbarer Ursprung und typisch für die Begeisterung der Inselbewohner für alles Wundersame.

Der Historiker Dameto und sein Nachfolger Mut setzen die Entstehung der Balearischen Uhr auf das Jahr 1385 an. Sie wurde von den Dominikanern gekauft und auf dem Turm angebracht, auf dem sie sich heute befindet." (*Reise auf die Balearen und Pituseninseln, 1807*).

Hand, die der Revolution nämlich, dieses Bauwerk und machte es dem Erdboden gleich. Es wurde einst ein Meisterwerk genannt und seine Reste, die Fragmente herrlicher Mosaike und einige schlanke, noch stehende Bögen, die sich wie Skelette in den leeren Raum erheben, künden noch von seiner damaligen Größe.

Die Zerstörung der Heiligtümer katholischer Kunst in ganz Spanien ist für die Aristokratie Palmas Anlaß zur Entrüstung und eine Quelle echten Kummers bei den Künstlern. Vor zehn Jahren hätte auch mich der Vandalismus dieser Zerstörung vielleicht mehr beeindruckt als ihr historischer Aspekt.

Aber auch wenn man, wie Monsieur Marliani in seiner *Politischen Geschichte des modernen Spaniens*, diese einerseits schwachen wie andererseits grausamen Maßnahmen, die dieses Dekret zur Folge hatte, bedauern muß, so gestehe ich doch, daß ich in jenen Ruinen ein anderes Gefühl empfand als die Traurigkeit, die ich sonst bei ihrem Anblick empfinde. Der Blitz hatte dort eingeschlagen, und der Blitz ist ein blindes Werkzeug, eine brutale Gewalt, wie der Zorn des Menschen. Aber das Gesetz der Vorsehung, das die Elemente regiert und ihre offensichtliche Unordnung lenkt, weiß sehr wohl, daß in der Asche der Ruinen neue Anfänge verborgen sind. An dem Tag, da diese Klöster fielen, herrschte in der politischen Atmosphäre Spaniens die Notwendigkeit der Erneuerung, wie sie die Natur bei ihren fruchtbaren Erschütterungen beweist.

Ich glaube nicht, was man mir in Palma gesagt hat: daß ein paar Unzufriedene, die nach Rache und Raub dürsteten, vor den Augen der schockierten Bevölkerung diesen Gewaltakt ausgeführt haben. Es sind viele Unzufriedene nötig, um eine solch große Anzahl von Gebäuden auf diese Weise dem Erdboden gleichzumachen. Und es muß bei der Bevölkerung sehr wenig Sympathie herrschen, wenn man ein solches Dekret erfüllen kann, das ihr von ganzem Herzen zuwider ist.

Vielmehr glaube ich, daß mit dem ersten Stein, der aus der Spitze dieser Kuppeln herausgerissen wurde, auch das Herz des Volkes von einem Gefühl der Furcht und des Respekts befreit wurde, das nicht fester in ihm verankert war als der klösterliche Glockenturm in seinem Zement, und daß alle, von einem geheimnisvollen und spontanen inneren Drang bewegt, mit einer Mischung aus Mut und Schrecken, Zorn und Reue über den Kadaver herfielen. Das Mönchstum deckte viele Mißbräuche und nährte den Egoismus. Die Frömmigkeit ist in Spanien tief verwurzelt, und ohne Zweifel bereute mehr als einer der Zerstörer seine Tat und beichtete am nächsten Tag dem Priester, den er soeben aus dem Kloster geworfen hatte. Aber im Herzen des Unwissendsten und des Blindesten gibt es etwas, das ihn vor Begeisterung erzittern läßt, wenn das Schicksal ihm eine höhere Mission erteilt.

Das spanische Volk hatte mit seinem Geld und Schweiß die anmaßenden Paläste des Klerus aufgebaut, an deren Pforten es seit Jahrhunderten den Obulus für müßige Bettelei und das Brot der geistiger Versklavung empfing. Es war an dessen Verbrechen beteiligt und hatte an seinen Niederträchtigkeiten mitgeschmiedet. Es hatte die Feuer der Inquisition angezündet und war Komplize und Verräter bei jenen grausamen Verfolgungen gewesen, die gegen ganze Rassen gerichtet waren, die ausgerottet werden sollten. Und als es jene Juden in den Ruin getrieben hatte, die ihm Reichtum verschafft hatten, als es die Araber aus dem Lande getrieben hatte, denen es Zivilisation und Größe verdankte, da empfing es als Strafe des Himmels die Unwissenheit und das Elend. Es war zu geduldig und fromm, um sich gegen diesen Klerus, sein Werk, seinen Verderber und seine Geißel, nicht zu erheben. Es litt lange Zeit unter diesem Joch, das es eigenhändig geschaffen hatte. Später ließen kühne und fremde Stimmen eines Tages Worte von Unabhängigkeit und Freiheit an sein Ohr dringen. Es erkannte den Fehler seiner Vorfahren, es schämte sich seiner Verdummung, entrüstete sich ob seines Elends und trotz der Verehrung, die es seinen Heiligenbildern und Reliquien immer noch entgegenbrachte, zerbrach es diese Götzenbilder und begann, ernsthaft an sein Recht statt an seine Religion zu glauben.

Welche geheime Macht ist es also, die den Gläubigen, der auf die Knie fällt, plötzlich so weitgehend verwandelt, daß er seinen früheren Fanatismus gegen jene Objekte kehrt, die er sein Leben lang verehrt hat? Sicherlich ist es nicht die Unzufriedenheit der Menschen, auch nicht der Überdruß an den Dingen. Es ist die Unzufriedenheit mit sich selbst, die Verachtung der eigenen Furchtsamkeit.

Und das spanische Volk war an diesem Tag großartiger als man gedacht hätte. Es beging eine entscheidende Tat und errang selbst die Mittel zu seiner Bestimmung, wie ein Kind, das zum Mann werden will und sein Spielzeug zerbricht, damit es nicht in Versuchung kommt, wieder mit ihm zu spielen.

Was Juan Mendizábal angeht (der es in diesem Zusammenhang verdient, erwähnt zu werden), und wenn das, was ich über sein politisches Leben weiß, mir wahrheitsgetreu überliefert worden ist, so handelte es sich mehr um einen Menschen von Grundsätzen als einen Mann der Tat, und meiner Meinung nach ist dies das höchste Lob, das man ihm aussprechen kann. Die Tatsache, daß dieser im öffentlichen Leben stehende Mann an manchen Tagen zuviel von der geistigen Situation Spaniens erwartete und an anderen zu sehr daran zweifelte, so daß er manchmal unüberlegte und unvollendete Maßnahmen traf und seine Ideen auf unfruchtbarem Feld säte, wo der Samen erstickt oder verschlungen werden mußte, könnte ein gewichtiger Anlaß sein, um ihm jenes Geschick und die Charakterfestigkeit abzusprechen, die für den Erfolg seiner Unternehmungen nötig gewesen wären. Aber dies ist kein Grund dafür, daß ihn die Geschichte - von einem philosophischen Standpunkt aus betrachtet, was für gewöhnlich nicht häufig geschieht - eines Tages nicht als einen der großzügigsten und fortschrittlichsten Geister Spaniens hervorheben sollte.[14]

[14] Dieses aufrichtige Denken, dieser erhabene Sinn für Geschichte hat Monsieur Marliani zu folgendem Lob über Señor Mendizábal veranlaßt: "Man wird ihm nie gewisse und deshalb um so bewundernswertere Fähigkeiten absprechen können, die bei seinen Vorgängern äußerst selten anzutreffen waren. Das heißt, ein glühender Glaube an die Zukunft des Landes, eine grenzenlose Selbstverleugnung für die Sache der

Diese Gedanken kamen mir oft in den Ruinen der mallorquinischen Klöster, wenn ich hörte, wie sein Name verflucht
wurde, und es schickte sich vielleicht nicht für uns, ihn mit Lob
und Sympathie auszusprechen. Dann sagte ich mir – ohne
Befürchtung, daß ich mich hier täuschen würde –, daß ich ein
Gesamturteil über die Menschen und sogar über die Ereignisse
abgeben kann, auch wenn ich die politischen Fragen jener Zeit
aus dem Spiel ließ, hinsichtlich derer mir die Bemerkung
erlaubt sei, daß ich ihnen weder gewogen bin, noch daß ich
ihnen Verständnis entgegenbringe. Es ist nicht notwendig, wie
man gemeinhin glaubt und auch vorgibt, eine Nation ganz und
gar zu kennen, ihre Bräuche und ihr Leben gründlich studiert
zu haben, um eine klare Vorstellung und ein wirkliches Gefühl für
ihre Geschichte, ihre Zukunft und, in einem Wort, ihr geistiges
Leben zu bekommen. Ich glaube, es gibt in der allgemeinen
Menschheitsgeschichte eine große Linie, die allen Völkern
gemeinsam ist und mit der sich alle Fäden der jeweiligen
Geschichte verknüpfen lassen. Diese Linie ist das Gefühl und
das Wirken eines Ideals, oder, wenn man so will, der Wille

Freiheit, ein brennendes Nationalgefühl, eine echte Leidenschaft für progressive, gar
revolutionäre Ideen, um die Reformen durchzuführen, die der spanische Staat brauchte, viel Toleranz und Großzügigkeit gegenüber seinen Feinden, eine persönliche Selbstlosigkeit, die ihn bei jeder Gelegenheit und zu jedem Zeitpunkt seine Interessen denen
seines Landes unterordnen ließ, was sogar so weit ging, daß er aus dem Ministerium
ausschied, ohne einen einzigen Orden erhalten zu haben ... Er ist der erste Minister
gewesen, der die Erneuerung seines Landes ernst genommen hat. Sein Einsatz für die
politischen Geschäfte hat effektiven Fortschritt erbracht. Der Minister sprach dabei die
Sprache des Patrioten. Er hatte nicht die Macht, die Zensur abzuschaffen, aber doch die
Großzügigkeit, die Presse von jedem Hindernis zugunsten seiner Feinde und zum Schaden seiner selbst zu befreien. Er unterwarf seine Regierungshandlungen der freien Prüfung durch die öffentliche Meinung, und als sich aus dem Schoße der Cortès eine starke Opposition gegen ihn bildete, die von seinen alten Freunden angetrieben worden
war, hatte er die Herzensgröße, die Freiheit des Abgeordneten bei der Ausübung seines
öffentlichen Amtes zu respektieren, indem er von der Tribüne aus erklärte, eher werde
er sich eine Hand abschneiden, als die Entlassung eines Abgeordneten zu unterzeichnen,
der sich in seinen unversöhnlichsten Feind verwandelt habe, obwohl er ihn mit Güte
überschüttet habe. Dieses edle Beispiel, das Señor Mendizábal gab, ist um so verdienst-
voller, als er hierin kein Vorbild hatte, das er hätte nachahmen können! Nach ihm haben
sich keine Schüler mehr in dieser tugendhaften Toleranz gefunden. (*Historia política de
la España moderna*, von Monsieur Marliani).

zur Vollkommnung, den die Menschen im blinden Instinkt ebenso wie in einer erleuchtenden Theorie in sich tragen. Die wirklich großen Menschen fühlten ihn allesamt und richteten sich auf ihre jeweilige Art nach ihm. Die Kühneren, jene, die sich dessen am meisten bewußt waren und die die Gegenwart am stärksten beeinflußt haben, um die Zukunft voranzutreiben, sind diejenigen, die von ihren Zeitgenossen meist verurteilt wurden. Man hat sie verfemt und verdammt, ohne sie zu kennen, aber indem man die Früchte ihrer Arbeit geerntet hat, hat man sie erneut auf den Sockel gestellt, von dem ein paar zeitweilige Enttäuschungen und unverständliche Mißerfolge sie gestürzt hatten.

Wie viele berühmte Männer unserer Revolution sind erst spät und zögernd rehabilitiert worden! Mendizábal war in Spanien einer der Minister, die am strengsten verurteilt wurden, weil er der Mutigste, vielleicht sogar der einzig Mutige war. Und das Ereignis, das auf unvergeßliche Weise seine kurze Teilhabe an der Macht markierte, die radikale Zerstörung der Klöster, wurde ihm so sehr vorgehalten, daß ich auf diesen Seiten nicht anders kann, als seinen kühnen Entschluß und die Begeisterung, mit der das spanische Volk ihn aufnahm und in die Tat umsetzte, zu loben.

Das war zumindest das Gefühl, das mich angesichts jener Ruinen erfüllte, denen die Zeit ihre Bedeutung nicht genommen hatte, und die gegen die Vergangenheit zu protestieren und den Anbruch der Wahrheit im Volk zu verkünden schienen. Ich glaube nicht, daß ich den Sinn und den Respekt für die Kunst verloren habe, ich fühle in meinem Inneren nicht die Instinkte der Rache und der Barbarei, ich gehöre nicht zu jenen, die sagen, der Kult des Schönen sei unnütz und man müsse die Baudenkmäler in Fabriken umwandeln. Aber ein Palast der Inquisition, der vom Arm des Volkes beseitigt wurde, ist eine so große, so lehrreiche und so bewegende Seite der Geschichte wie ein römisches Aquädukt oder ein Amphitheater. Eine Regierung, die aus schäbigem Nützlichkeitsdenken oder lächerlicher

Sparsamkeit heraus die Zerstörung eines Tempels anordnete, würde eine schändliche und schuldhafte Tat begehen. Aber ein politischer Führer, der in einer entscheidenden und gefährlichen Zeit Kunst und Wissenschaft wertvolleren Gütern opfert, der trotz seiner Liebe zum katholischen Pomp und seines Respekts für die Mönche genügend Mut und einen starken Arm besitzt, um dieses Dekret ohne Zögern zu erlassen, der gleicht der Besatzung eines Schiffes, das, vom Sturm bedrängt, seine Schätze ins Meer wirft, um sich zu retten.

Weine, wer will, über den Ruinen! Fast alle diese Bauwerke, deren Niedergang wir betrauern, sind Kerker, in denen jahrhundertelang Seelen oder Körper der Menschheit gelitten haben. Kämen doch Dichter, die, statt das Verlorengehen der Kindheitstage der Welt zu beklagen, mit ihren Versen und über diesen Resten von goldenem Spielzeug und blutigen Geißeln die Mannwerdung preisen würden, die sich endlich Durchbruch verschaffen konnte. Es gibt einige schöne Verse von Chamisso über das Schloß seiner Vorfahren, das von der Französischen Revolution vernichtet wurde. Diese Verse enden mit einem Gedanken, der sowohl in der Poesie wie auch in der Politik sehr neu ist:

"Sei gelobt, altes Herrenhaus, über das jetzt die Schar des Pfluges hinweggeht! Und gelobt sei der, der den Pflug über Dich hinweggehen läßt!"

Soll ich es wagen, einige Seiten zu schreiben, zu denen mich das Dominikanerkloster inspiriert hat, nachdem ich die Erinnerung an dieses herrliche Gedicht wachgerufen habe? Warum nicht, denn auch der Leser muß sich mit Nachsicht wappnen, wenn er einen Gedanken beurteilen soll, den der Autor ihm vorgibt und dabei seine Selbstliebe und seine alten Gesinnungen opfert. Möge dieses Fragment, wie es auch ausfallen mag, dem Zweck dienen, etwas Abwechslung in die trockene Aufzählung von Gebäuden zu bringen, die ich hiermit abschließe!

Kapitel IV
Das Kloster der Inquisition

I N den Ruinen eines zerstörten Klosters trafen in der feierlichen Klarheit des Mondlichts zwei Männer aufeinander. Der eine schien in der Blüte seines Lebens zu stehen, der andere war bereits sichtlich gekennzeichnet von den Jahren, und dennoch war er der jüngere von beiden.

Beide erschraken, als sie einander erblickten, denn die Nacht war fortgeschritten, die Straßen verlassen, und vom Turm der Kathedrale schlug dumpf und langsam die Stunde.

Der, der älter zu sein schien, sprach zuerst: "Wer du auch bist", sagte er, "fürchte mich nicht, ich bin schwach und gebrochen. Erwarte auch nichts von mir, denn ich bin arm und nackt auf dieser Erde."

"Freund", antwortete der junge Mann, "ich bin nur der Feind derer, die mich angreifen und wie du bin ich zu arm, um Diebe fürchten zu müssen."

"Bruder", entgegnete der Mann mit dem ausgemergelten Gesicht, "warum hast du dann gezittert, als du mir begegnet bist?"

"Weil ich wie alle Künstler sehr abergläubisch bin und dich für den Geist einer dieser Mönche gehalten habe, die es nicht mehr gibt und deren zerstörte Gräber wir mit Füßen treten.

Und du, Freund, warum bist du zusammengezuckt, als du mich erblickt hast?"

"Weil ich wie alle Mönche sehr abergläubisch bin und dich für den Geist einer der Mönche gehalten habe, die mich lebendig in den Gräbern begraben haben, die du mit Füßen trittst."

"Was sagst du? Bist du etwa einer dieser Männer, die ich ständig und vergeblich auf spanischem Boden gesucht habe?"

"Du wirst uns bei Tageslicht nirgendwo finden, aber im Schatten der Nacht wirst du uns immer noch antreffen können. Da deine Hoffnung sich nun erfüllt hat, was willst du mit diesem Mönch anfangen?"

"Ihn betrachten, befragen, mein Vater, seine Gesichtszüge in mir aufnehmen, um sie in Bildern wiederzugeben, seine Worte hören, um sie später vor meinen Landsleuten zu wiederholen. Ich möchte ihn richtig kennenlernen, um das in mich aufzunehmen, was es an Geheimnisvollem, Poetischem und Großartigem in der Person eines Mönches und im Klosterleben gibt."

"Woher, Fremder, hast du nur diese seltsamen Vorstellungen? Kommst du nicht aus einem Land, in dem der Papst keine Macht hat, aus dem die Mönche verbannt wurden und in dem die Klöster verboten sind?"

"Es gibt unter uns immer noch fromme Herzen, die die Vergangenheit lieben und sich in glühenden Phantasien an der Poesie des Mittelalters ergötzen. Wir suchen, verehren und beten fast alles an, was uns ein Zeugnis der Vergangenheit ist. Ach! Glaubt nicht, mein Vater, daß wir alle blinde Kirchenschänder sind! Wir, die Künstler, hassen dieses brutale Volk, das alles, was es berührt, befleckt und zerbricht. Wir sind weit davon entfernt, ihre Tötungs- und Zerstörungsdekrete gutzuheißen, sondern bemühen uns mit allen unseren Bildern, unseren Gedichten, unserem Theater und in allen unseren Werken die alten Traditionen wiederzubeleben und den Geist des Mystizismus wiederzuerwecken, den die christliche Kunst, dieses erhabene Kind, hervorbringt."

"Was sagst du, mein Sohn? Ist es möglich, daß die Künstler deines freien und blühenden Landes sich von anderen Zeiten als der Gegenwart inspirieren lassen? Sie haben so viel Neues zu besingen, zu malen, darzustellen! Und sie leben, sagst du, über die Erde gebeugt, in der ihre Vorfahren ruhen? Suchen sie zwischen dem Staub der Gräber nach einer glücklichen, fruchtbaren Inspiration, wenn Gott ihnen in seiner unendlichen Güte ein so angenehmes und schönes Leben gegeben hat?"

"Ich weiß nicht, guter Vater, inwiefern unser Leben so sein kann, wie du es dir vorstellst. Wir Künstler kümmern uns nicht um politische Ereignisse, und die sozialen Probleme interessieren uns noch weniger. Wir würden vergeblich die Poesie in allem suchen, was um uns herum geschieht. Die Künste welken dahin, die Inspiration verschwindet, der schlechte Geschmack triumphiert, das materielle Leben macht die Menschen blind. Und wenn wir den Kult der Vergangenheit und die jahrhundertealten Denkmäler des Glaubens nicht hätten, um uns Mut zu machen, so würden wir das heilige Feuer, das wir mit so viel Mühe bewahren, verlieren."

"Aber man hat mir gesagt, daß der menschliche Geist die Lehre vom Glück, die Wunder der Industrie und die Wohltaten der Freiheit nirgendwo so weit gebracht hat wie in eurem Land. Hat man mich getäuscht?"

"Wenn man euch gesagt hat, mein Vater, daß nie zuvor so viel Luxus, so viel Wohlstand aus den Ruinen der alten Gesellschaft hervorgegangen ist und eine so erschreckende Vielfalt des Geschmacks, der Meinungen und des Glaubens erlangt worden ist, dann hat man euch die Wahrheit gesagt."

"Wie kann so etwas Seltsames entstehen? Sind alle Quellen des Glücks auf euren Lippen vergiftet, haben euch das, was den Menschen groß und gerecht macht, die Freiheit und der Wohlstand, klein und armselig gemacht? Erkläre mir das Unerklärliche."

"Mein Vater, muß ich Dir erklären, daß der Mensch nicht vom Brot allein lebt? Seit wir den Glauben verloren haben, hat alles, was wir sonst erworben haben, unsere Herzen nicht erfüllt."

"Erkläre mir auch, mein Sohn, wie ihr den Glauben verloren habt, nachdem die religiösen Verfolgungen in eurem Land aufgehört hatten und ihr euer Herz hättet öffnen und eure Augen zum göttlichen Licht hättet erheben können? Das war der Moment zu glauben, denn es war der Moment der Gewißheit. Und in diesem Moment habt ihr gezweifelt? Welche Wolke hat denn eure Köpfe benebelt?"

"Die Wolke der Schwäche und des menschlichen Elends. Ist die Erforschung nicht unvereinbar mit dem Glauben, Vater?"

"Das ist dasselbe, junger Mann, als würdest du mich fragen, ob der Glaube mit der Wahrheit vereinbar sei. Glaubst du denn an nichts, mein Sohn? Oder glaubst du vielleicht an die Lüge?"

"Ach! Ich glaube nur an die Kunst. Aber reicht das nicht, um der Seele Kraft, Vertrauen und erhabene Freuden zu geben?"

"Mein Sohn, ich kenne das nicht und verstehe es auch nicht. Gibt es in eurem Land noch einige glückliche Menschen? Und du selbst, bist du unverwundbar gegenüber Niederlagen und Schmerz?"

"Nein, mein Vater. Die Künstler sind die unglücklichsten, gequältesten Menschen, denn tagtäglich beobachten sie, wie das Objekt ihrer Verehrung immer mehr absinkt und ihre Anstrengungen, es aufrechtzuerhalten, sind fruchtlos."

"Und wie ist es möglich, daß so gebildete Menschen die Künste sterben lassen, anstatt sie zu beleben?"

"Es liegt daran, daß sie keinen Glauben mehr haben, und ohne Glauben ist die Kunst nicht möglich."

"Aber hast du mir nicht gerade gesagt, daß die Kunst für dich eine Religion ist? Entweder du widersprichst dir, mein Sohn, oder ich verstehe dich nicht."

"Und wie sollen wir uns nicht selbst widersprechen, mein Vater, wir, denen Gott ein Auftrag erteilt hat, den die Welt uns abspricht? Wir, denen die Gegenwart die Tore des Ruhms, der Inspiration und des Lebens zuschlägt? Wir, die wir uns verpflichtet fühlen, in der Vergangenheit zu leben und die Toten über die Geheimnisse der ewigen Schönheit zu befragen, deren Verehrung die heutigen Menschen mit dem Sturz der Altäre verloren haben? Den Werken der großen Meister gegenüber, denen wir es gleichtun wollen, fühlen wir uns voll Leidenschaft und Mut. Aber wenn es daran geht, unsere ehrgeizigen Pläne zu verwirklichen, umfängt uns eine ungläubige und engherzige Welt mit schneidendem Spott und Verachtung, und wir können nichts hervorbringen, was unserem Ideal entsprechen würde. Und dann stirbt das Ideal in unserem Inneren, noch ehe es zu Ende gedacht ist."

Der junge Künstler sprach bittere Worte. Der Mond erleuchtete sein trauriges, stolzes Gesicht, und der Mönch, der unbeweglich stand, betrachtete ihn mit offener und wohlwollender Verwunderung.

"Setzen wir uns hier hin", sagte letzterer nach einem Moment des Schweigens und hielt nahe der Balustrade einer Terrasse, zu deren Füßen Stadt, Land und Meer lagen.

Es war eine Ecke des Dominikanerklosters, die bis vor kurzem noch voller Blumen, Brunnen und herrlichem Marmor stand und wo jetzt nur noch Geröll zu finden war und Gräser, die schnell und kräftig auf den Ruinen wucherten.

Der Fremde riß in seiner Erregung ein dorniges Unkraut mit der Hand aus und warf es mit einem Schmerzensschrei weit von sich. Der Mönch lächelte.

"Der Stich ist heftig", sagte er, "aber nicht gefährlich. Mein Sohn, dieser Dornbusch, den du so unvorsichtig angefaßt hast und der dich verletzt hat, ist ein Symbol für jene ungeschlachten Menschen, über die du dich vor einem Augenblick beklagt hast. Sie verwüsten die Paläste und Klöster, steigen auf die Altäre und lassen sich auf den Trümmern des alten Glanzes dieser Welt nieder. Sieh doch, mit welcher Energie und Kraft diese albernen Gräser die grünen Stellen gefüllt haben, wo wir mit Sorgfalt zarte und herrliche Pflanzen pflegten, von denen nicht eine unseren Niedergang überlebt hat. Ebenso haben die einfachen und halbwilden Menschen, die man wie Unkraut auszureißen pflegt, ihre Rechte beansprucht und haben diese giftige Pflanze erstickt, die im Schatten wuchs und Inquisition hieß."

"Hätten sie sie nicht beseitigen können, ohne mit ihr die Heiligtümer der christlichen Kunst und die Werke des Genies zu zerstören?"

"Die verfluchte Pflanze mußte ausgerissen werden, denn sie wucherte üppig. Es war nötig, diese Klöster, in denen sich ihre Wurzel verbarg, bis auf die Grundmauern zu zerstören."

"Aber mein Vater, was haben die dornigen Kräuter, die an ihrer Stelle wachsen, an Gutem und Schönem zu bieten?"

Der Mönch überlegte einen Moment und antwortete:

"Da du mir gesagt hast, daß du Maler bist, warum malst du dann nicht diese Ruinen?"

"Ja, natürlich. Aber auf was wollt ihr hinaus?"

"Wirst du dieses Brombeergebüsch, das die Trümmer umrankt und sich im Winde wiegt, weglassen oder wirst du aus ihm ein gelungenes Element deines Bildes machen, so wie bei den Bildern Salvador Rosas?"

"Sie sind die untrennbaren Begleiter der Ruinen und kein Maler würde sie weglassen."

"Sie haben also ihre Schönheit, ihre Bedeutung und demzufolge auch ihren Nutzen."

"Euer Gleichnis ist nicht ganz richtig, mein Vater. Fügt diesen Ruinen Bettler und Zigeuner hinzu und sie werden damit noch trauriger und verlassener wirken. Das Bild mag sich dadurch verbessern, aber welchen Vorteil hat die Menschheit davon?"

"Vielleicht den, ein gutes Bild zu haben und sicherlich eine großartige Lektion. Aber ihr, die Künstler, die ihr diese Lektion erteilt, versteht nicht, was ihr tut, und ihr seht nicht mehr als die Steine, die zerfallen, und das Unkraut, das wuchert."

"Ihr seid streng. Man könnte euch ebenso antworten, daß ihr in dieser großen Katastrophe nicht mehr seht als euer zerstörtes Kloster und eure wiedergewonnene Freiheit, denn ich denke mir, Vater, daß ihr nicht gerne im Kloster gelebt habt."

"Mein Sohn, hättest du etwa so viel Liebe zur Kunst und Poesie, daß du hier ohne es leid zu werden leben könntest?"

"Ich glaube, dies wäre für mich das schönste Leben der Welt gewesen. Oh! Wie weiträumig und stilvoll muß dieses Kloster gewesen sein! Wie sehr bezeugen diese Reste seinen Glanz und seine Eleganz! Wie herrlich muß es gewesen sein, des Abends hierherzukommen, um eine sanfte Brise zu genießen und beim Rauschen des Meeres zu träumen, als diese Gänge mit reichen Mosaiken geziert waren, als die glasklaren Wasser in den marmornen Brunnen plätscherten und eine silberne Lampe wie ein blasser Stern im Sanktuarium schimmerte! Welch tiefen Frieden und welch majestätisches Schweigen müßt ihr gefühlt haben, als der Respekt und das Vertrauen der Menschen euch wie eine Festung umgaben. Als sie sich bekreuzigten und die Stimme senkten, wenn sie an euren geheimnisvollen Säulengängen vorbeikamen! Ach! Wer möchte nicht alle seine Sorgen, alle seine Mühen und seinen Ehrgeiz im gesellschaftlichen Leben ablegen, um sich hier, in der Stille und von aller Welt vergessen, einzuschließen, um zehn, vielleicht zwanzig Jahre einem einzigen Bild zu widmen, das man wie einen wertvollen Diamanten langsam poliert hätte, um es dann über einem Altar hängen zu sehen, nicht, damit der erstbeste Ignorant es beurteilte und kritisierte, sondern damit es als eine würdige Vertretung Gottes gegrüßt und angebetet würde."

"Fremder", sagte der Mönch mit strenger Stimme, "deine Worte verraten Stolz und deine Träume nichts anderes als Eitelkeit. In dieser Kunst, von der du mit soviel Begeisterung sprichst und die du verherrlichst, siehst du nur dich selbst. Diese Einsamkeit, die du dir wünschst, wäre in deinen Augen nichts mehr als ein Mittel, um dich zu erhöhen und gottgleich zu machen. Jetzt verstehe ich, wie du an diese egoistische Kunst glauben kannst, ohne an irgendeine Religion noch an irgendeine Gesellschaft zu glauben. Aber möglicherweise hast du diese Dinge in deinem Geiste nicht reifen lassen, ehe du sie ausgesprochen hast und vielleicht weißt du nicht, was in diesen Höhlen der Korruption und des Schreckens vor sich ging. Komm mit mir und vielleicht wird das, was du sehen wirst, deine Gefühle und Vorstellungen ändern."

Der Mönch führte den jungen Reisenden unter großen Gefahren über Trümmerberge und unsichere, baufällige Abgründe zum Mittelpunkt des zerstörten Klosters. Dort, wo die Gefängnisse gewesen waren, hieß er ihn vorsichtig die Wände hinabsteigen, die etwa fünfzehn Fuß dick waren und die Hacke und Pickel bis auf den Grund gespalten hatten. Am Boden dieser schrecklichen Stein- und Zementmasse sah man Zellen ohne Licht und Luft, die durch ebenso dicke Mauern voneinander getrennt waren, die auf den finsteren Gewölben lasteten. Die Zellen glichen klaffenden Schlünden im Schoß der Erde.

"Junger Mann", sagte der Klosterbruder, "was du hier siehst, sind keine Brunnen, auch keine Gräber. Es sind die Kerker der Inquisition. Hier sind viele Jahrhunderte lang Menschen gestorben, die, ob vor Gott schuldig oder nicht schuldig, ob durch Lasterhaftigkeit oder ein hitziges Temperament, ob vom rechten Weg abgekommen oder von Geist oder Tugend inspiriert, es gewagt hatten, eine andere Meinung zu haben als die Inquisition.

"Die Dominikanermönche waren Gelehrte, Literaten, sogar Künstler. Sie besaßen große Bibliotheken, in denen die Spitzfindigkeiten der Theologie, in Gold und Saffian eingefaßt und mit Perlen und Rubinen geschmückten Rücken, auf Regalen aus Elfenbein zur Schau gestellt wurden. Aber den Menschen, dieses lebende Buch, in das Gott mit seiner eigenen Hand seine Gedanken hineingeschrieben hat, begruben sie bei lebendigem Leib und verbargen ihn im Innersten der Erde. Sie hatten mit Silber verzierte Gläser, leuchtende Kelche mit Edelsteinen, großartige Bilder und Madonnen aus Gold und Elfenbein und trotzdem lieferten sie den Mensch, dieses auserwählte Gefäß, diesen vor himmlischer Grazie überschäumenden Kelch, dieses lebende Bild Gottes, lebendig dem kalten Tod und den Würmern des Grabes aus. Derselbe, der mit viel Sorgfalt und Liebe Rosen und Narzissen pflegte wie man ein Kind umsorgt, sah mitleidlos zu, wie ein Mitmensch, sein Bruder, in der Feuchtigkeit des Grabes verblich und verfaulte.

"Und so ist also der Mönch, so ist das Kloster, mein Sohn. Brutale Grausamkeit einerseits und feige Schreckensangst andererseits. Berechnender Egoismus oder Frömmigkeit ohne Innigkeit, das ist die Inquisition.

"Und wenn beim Öffnen dieser stinkenden Höhlen im Tageslicht die Hand der Befreier ein paar Säulen oder goldene Dinge zerstört oder beschädigt hat, müssen wir deshalb erneut die Grabsteine über die Opfer legen und um das Schicksal ihrer Henker Tränen vergießen, nur weil sie kein Gold und keine Sklaven mehr haben?"

Der Künstler war in eine der Höhlen hinabgestiegen, um die Wände neugierig zu untersuchen. Für einen Augenblick versuchte er, den Kampf nachzuvollziehen, den der menschliche Wille, lebendig begraben, angesichts der furchtbaren Verzweiflung über eine solche Gefangenschaft ausfechten mußte. Aber er hatte sich dieses Bild in seiner lebhaften und empfindsamen Phantasie kaum vorgestellt, als er sich selbst von Furcht und Entsetzen erfüllt sah. Er glaubte, den Druck jener eiskalten Gewölbe auf seinem Herz zu spüren. Seine Glieder zitterten, seine Brust rang nach Luft, er fühlte sich einer Ohnmacht nahe, als er aus diesem Abgrund fliehen wollte. Er schrie und streckte seine Arme dem Mönch entgegen, der am Eingang stehengeblieben war:

"Mein Vater, helft mir hier heraus, um Gottes willen!"

"Nun, mein Sohn", sagte der Mönch und reichte ihm seine Hand, "mit dem Gefühl, mit dem du jetzt die glänzenden Sterne betrachtest, kannst du dir vorstellen, wie ich empfunden habe, als ich nach zehn Jahren dieser Folter erneut das Licht der Sonne erblickt habe!"

"Ihr unglücklicher Vater", rief der Reisende und eilte zum

Garten. "Ihr habt zehn Jahre lang diesen vorweggenommenen Tod zu ertragen vermocht, ohne den Verstand oder das Leben zu verlieren? Ich glaube, wenn ich nur einen Moment länger dort verweilt hätte, wäre ich schwachsinnig oder verrückt geworden. Nein, ich habe nicht geglaubt, daß der Anblick eines unterirdischen Kerkers so plötzliches und so tiefes Entsetzen hervorrufen kann, und ich kann mir nicht vorstellen, wie der Verstand sich daran gewöhnen kann. Ich habe die Folterwerkzeuge in Venedig gesehen, ich habe auch die Verliese im Dogenpalast gesehen, mit dem Gang, wo die Opfer von unsichtbarer Hand getötet wurden und die Platte mit den Löchern, von der das Blut in das Kanalwasser gelangte, ohne Spuren zu hinterlassen. Ich hatte dort die Vorstellung eines recht schnellen Todes, aber in diesem Kerker, aus dem ich soeben komme, drängt sich mir die grauenhafte Vorstellung des Lebens dort auf. Oh mein Gott! Hier sein zu müssen, ohne sterben zu können!"

"Sieh mich an, mein Sohn", sagte der Mönch und zeigte auf sein kahles und gealtertes Haupt. "Ich habe nicht mehr Jahre hinter mir, als sich in deinem männlichen Gesicht und auf deiner ernsten Stirn widerspiegeln, aber du hast mich zweifelsohne für einen Greis gehalten. Es spielt keine Rolle, wie ich meine lange Qual verdiente und ertrug. Ich suche auch nicht dein Mitleid, ich brauche es nicht, besser gesagt, denn ich fühle mich heute, da ich diese zerstörten Mauern und diese leeren Kerker betrachte, jung und glücklich. Auch will ich dir keine Furcht vor den Mönchen einflößen. Sie sind frei und ich bin es auch. Gott ist zu allen gut gewesen, aber da du Künstler bist, wird es für dich von Nutzen sein, eines dieser Gefühle kennengelernt zu haben, ohne das der Künstler sein Werk nicht schaffen könnte. Und wenn du jetzt diese Ruinen zeichnen willst, zu denen du erst vor kurzem gekommen bist, um die Vergangenheit zu beweinen, und zu denen ich jede Nacht komme, niederknie und Gott für die Gegenwart danke, dann werden deine Hand und dein Geist vielleicht von einem erhabeneren Gedanken beflügelt als der feigen Klage oder der eitlen Bewunderung. Viele Bauwerke, die für den Kunsthistoriker von unschätzbarem Wert sind, haben kein anderes Verdienst als an die Taten zu erinnern, derenthalber sie errichtet wurden. Oft genug waren jene Taten ruchlos und kindisch. Da du so viel gereist bist, hast du in Genua sicherlich eine Brücke gesehen, die über einen Abgrund zu einer reichen, massiven Kirche führt, die für viel Geld in einem öden Stadtteil erbaut wurde, um der Eitelkeit eines Patriziers zu genügen, der das Wasser nicht überqueren und mit den Frommen seiner Gemeinde nicht in einem Tempel niederknien wollte. Du hast vielleicht die Pyramiden in Ägypten gesehen, ein erschreckendes Beispiel für die Knechtschaft der Nationen. Oder diese Hünengräber, über die das menschliche Blut in Strömen floß, um den unlöschbaren Durst der barbarischen Gottheiten zu stillen. Aber die meisten unter euch Künstlern sehen in den Werken des Menschen nicht mehr als die Schönheit und die Feinheiten ihrer Ausführung, ohne sich mit den Ideen vertraut zu machen, für die ein Werk steht. So verehrt euer Geist häufig den Ausdruck eines Gefühls, das euer Herz zurückweisen würde, wenn es sich seiner bewußt wäre. Das ist der Grund, weshalb euren eigenen Werken oft die wahre Farbe des Lebens fehlt, besonders wenn ihr, anstatt darzustellen, was in den Adern der leidenden Menschheit fließt, euch kühl anstrengt, das Leben der Toten zu interpretieren, das ihr nicht versteht."

"Mein Vater", antwortete der junge Mann, "ich verstehe eure Lektion und tadele sie keineswegs, aber glaubt ihr, daß die Kunst sich von einer solchen Philosophie inspirieren lassen kann? Ihr erklärt mit der Vernunft unserer Zeit, was der erfindungsreiche Aberglaube unserer Väter in einem poetischen Delirium erfaßt hat. Wenn wir statt der lächelnden Gottheiten Griechenlands die trivialen Allegorien entblößten, die unter ihren üppigen Formen verborgen sind, wenn wir statt der göttlichen Madonna der Florentiner eine dralle Serviererin in einer Taverne malten, wie die Holländer, wenn wir schließlich aus Jesus,

Gottes Sohn, einen genialen Philosophen aus der Schule Platos machten, hätten wir anstelle von Gottheiten Menschen, so wie wir hier statt eines christlichen Tempels vor unseren Augen nicht mehr als einen Berg von Steinen sehen."

"Mein Sohn", erwiderte der Mönch, "wenn die Florentiner der Jungfrau göttliche Züge verliehen haben, liegt es daran, daß sie noch glaubten, und wenn die Holländer ihr vulgäre Züge verliehen haben, liegt es daran, daß sie nicht mehr glaubten. Wie könnt ihr stolz darauf sein, heilige Dinge zu malen, ihr, die ihr an nichts mehr als an die Kunst, das heißt, an euch selbst, glaubt! So werdet ihr nie erfolgreich sein. Versucht also nicht, mehr zu malen, als für euch fühlbar und lebendig ist. Wenn ich ein Maler gewesen wäre, hätte ich ein herrliches Bild über den Tag meiner Befreiung gemalt. Ich hätte darin starke und kühne Männer dargestellt, mit dem Hammer in der einen Hand und der Fackel in der anderen, wie sie in die Höhlen der Inquisition eindringen, die ich dir soeben gezeigt habe, und wie sie vom stinkenden Boden Gespenster mit umwölktem Blick und einem verrückten Lächeln aufheben. Über allen Köpfen hätte man wie einen Heiligenschein das Licht des Himmels durch die Spalten der zerstörten Gewölbe dringen sehen. Dies wäre ein schönes und für unsere Zeit passendes Thema gewesen, so wie Michelangelos 'Letztes Urteil' seiner Zeit entsprach. Denn diese Menschen aus dem Volk, die dir in ihrem Zerstörungswerk so ungeschlacht und verachtenswert erscheinen, erschienen mir herrlicher und edler als alle Engel des Himmels. Ebenso wie diese Ruine für dich Anlaß zu Traurigkeit und Betrübnis ist, ist sie für mich nun ein religiöseres Denkmal als vor ihrem Fall. Würde ich beauftragt, einen Altar zu errichten, der den zukünftigen Generationen Zeugnis von der Größe und Macht der unsrigen ablegen soll, hätte ich keinen anderen als diesen Trümmerhaufen gewählt, worauf ich auf einen geweihten Stein schreiben würde: 'In den Zeiten der Unwissenheit und der Grausamkeit beteten die Menschen an diesem Altar den Gott der Rache und der Folter an. Am Tage der Gerechtigkeit und im

Namen der Menschheit haben die Menschen diese blutigen Altäre zerstört, die dem Gott der Barmherzigkeit ein Greuel waren.' "

*Glockenturm der Kathedrale von Palma, von den Ruinen des Klosters
San Domingo aus gesehen (Zeichnung von F. X. Parcerisa 1842).*

Kapitel V

E S war nicht in Palma, sondern in Barcelona, wo ich in den Ruinen des Hauses der Inquisition diese Kerker sah, die aus vierzehn Fuß dicken Mauern gebaut waren. Es ist gut möglich, daß es in denen von Palma keine Gefangenen mehr gab, als das Volk sich ihrer bemächtigte. Ich bitte also der mallorquinischen Empfindlichkeit wegen um Verzeihung für die dichterische Freiheit, die ich mir in dem Fragment, das Sie soeben gelesen haben, erlaubt habe.

Da man jedoch nichts erfindet, was nicht einen gewissen Wahrheitsgehalt hat, muß ich sagen, daß ich auf Mallorca einen Priester kennengelernt habe, der mir erzählte, daß er sieben Jahre seines Lebens, die Blüte seiner Jugend, in den Kerkern der Inquisition zugebracht habe, und daß es ihm gelungen sei, ihnen dank einer Dame zu entkommen, in deren Gunst er stand. Es war ein Mann, der mitten im Leben stand, sehr lebendige Augen und ein fröhliches Wesen hatte. Er schien die Zeit der Heiligen Inquisition nicht eben zu vermissen.

Zum Dominikanerkloster werde ich einige Abschnitte von Monsieur Grasset de Saint-Sauveur anführen, dem man keine Voreingenommenheit vorwerfen kann, da er ein schwungvolles Lob über die Inquisitoren ausspricht, mit denen er auf Mallorca in Verbindung gestanden hat:

"Man findet heute noch im Kloster einige Bilder, die an die

barbarische Verfolgung der Juden vor langer Zeit erinnern. Jeder einzelne derer, die verbrannt wurden, ist auf einem Bild dargestellt, in dessen unterem Teil man seinen Namen, sein Alter und das Datum der Hinrichtung lesen kann.

"Man hat mir versichert, daß die Nachkommen dieser Unglücklichen, die immer noch eine besondere Stellung unter den Bewohnern Palmas mit der lächerliche Bezeichnung 'Eulen' (*Chuetas*) einnehmen, vor einigen Jahren vergeblich große Summen von Geld boten, damit diese erniedrigenden Gemälde verschwänden. Ich weigerte mich, dies zu glauben ...

"Auf jeden Fall werde ich nie vergessen, wie eines Tages, als ich durch das Dominikanerkloster spazierte und mit Schmerz jene traurigen Bilder betrachtete, sich mir ein Mönch näherte und mir auf den Malereien Gebeine in Form eines Kreuzes zeigte. 'Es sind', so sagte er mir, 'Bilder jener, deren Asche ausgegraben und in den Wind gestreut wurde.'

"Das Blut gefror mir in den Adern, und ich verließ eilig den Ort, von dieser Szene bedrückt und verwirrt.

"Auf der anderen Seite ließ mir der Zufall einen Bericht in die Hände fallen, der im Jahre 1755 auf Geheiß der Inquisition gedruckt wurde und die Namen, Rufnamen, Berufe sowie die Verbrechen der Unglücklichen enthielt, die zwischen 1645 und 1691 auf Mallorca verurteilt wurden.

"Ich las mit Schauder diesen Bericht und fand darin vier Mallorquiner, unter ihnen eine Frau, die wegen ihres Judentums bei lebendigem Leib verbrannt worden waren; weitere zweiunddreißig, die in die Kerker der Inquisition verbannt und deren Körper nach ihrem Tod verbrannt worden waren; drei, deren Asche ausgegraben und im Wind zerstreut worden war; ein Holländer, der des Luthertums angeklagt worden war; sechs Portugiesen, darunter eine Frau, und sieben Mallorquiner, die wegen ihres Judentums *in effigie* verbrannt wurden, nachdem ihnen die Flucht gelungen war. Ich zählte weitere zweihundertsechzehn Opfer, Mallorquiner und Ausländer, die des Judentums, der Ketzerei und des Islams angekagt worden waren und die aus den Kerkern entlassen wurden, nachdem sie öffentlich widerrufen hatten und in den Schoß der Kirche gezwungen worden waren."

Dieser schändliche Katalog endete mit einem nicht weniger schrecklichen Dekret der Inquisition. Monsieur Grasset führt an dieser Stelle den spanischen Text an, dessen Übersetzung hier folgt:

"Alle in diesem Bericht genannten Schuldigen sind öffentlich vom Inquisitionsgericht als zweifellose Ketzer verurteilt worden, alle ihre Güter wurden beschlagnahmt und dem Staatsvermögen zugeteilt, sie wurden für unfähig erklärt, Ehrenämter zu bekleiden oder Privilegien zu erhalten, weder geistliche noch weltliche, noch andere öffentliche oder Ehrenämter. Weder sie selbst, noch die von ihnen Abhängigen, dürfen Gold, Silber, Perlen, Edelsteine, Korallen, Seide, reine Wolle oder feinen Stoff bei beziehungsweise an sich tragen. Sie dürfen kein Pferd besteigen, keine Waffen tragen noch alle die anderen Dinge ausüben oder benutzen, die durch die allgemeinen Gesetze dieses Königreiches, auf Anordnung und nach den Regeln des Inquisitionsgerichtes den auf diese Weise degradierten Personen verboten sind. Das gleiche Verbot erstreckt sich auf die zum Feuer verurteilten Frauen, auf ihre Söhne und Töchter und bis auf die Enkelgeneration in männlicher Linie. Gleichzeitig wird das Andenken an die *in effigie* Hingerichteten verurteilt und angeordnet, daß ihre Gebeine (wenn sie von denen der treuen Christen unterschieden werden können) der Gerechtigkeit und dem weltlichen Arm ausgeliefert werden, damit sie zu Asche verbrannt werden. Ebenso werden alle Inschriften, die auf ihren Gräbern oder Waffen zu finden sind, ob eingemeißelt oder gemalt, ausgelöscht oder abgekratzt, so daß nichts von ihnen auf dem Antlitz der Erde zurückbleibt außer der Erinnerung an ihre Verurteilung und Hinrichtung."

Wenn man derartige Dokumente liest, die unserer Zeit doch so nahe sind, und an den unbesiegbaren Haß denkt, der die unglückselige Rasse der seit zwölf oder fünfzehn Generationen zum Christentum übergetretenen mallorquinischen Juden immer noch verfolgt, so kann man nicht glauben, daß der Geist der Inquisition so radikal ausgelöscht sein soll, wie zur Zeit von Mendizábals Dekret behauptet wurde.

Ich werde dieses Kapitel nicht beenden noch das Kloster der Inquisiton verlassen, ohne meinen Lesern von einer sehr interessanten Entdeckung Monsieur Tastus zu erzählen, mit der dieser Gelehrte vor dreißig Jahren sein Glück hätte machen können, zumindest, wenn er sie nicht dem Herrn der Welt dargebracht hätte, ohne einen Vorteil für sich dabei zu erzielen – eine Vermutung, die sehr viel mehr mit seinem Charakter eines uneigennützigen und selbstlosen Künstlers übereinstimmt.

Diese Notiz erscheint mir viel zu beachtenswürdig, als daß ich sie kürzen möchte. Hier ist sie, genau so, wie sie mir überreicht worden ist, mit der Erlaubnis, sie zu veröffentlichen:

Das Kloster San Domingo in Palma de Mallorca

Ein Gefährte des heiligen Dominikus, Miguel de Fabra, war der Gründer des Predigerordens auf Mallorca. In Altkastilien geboren, begleitete er Jaime I. 1229 bei der Eroberung der großen Baleareninsel. Seine Bildung war beachtlich und vielseitig, seine Frömmigkeit tief, was ihm beim *Conquistador*, dessen adligen Begleitern bis hin zu den einfachen Soldaten großes Ansehen verschaffte. Er hielt mitreißende Ansprachen vor den Truppen, feierte die heilige Messe, erteilte die Kommunion und bekämpfte die Ungläubigen, wie alle Geistlichen zu jener Zeit. Die Araber sagten, nur die heilige Jungfrau und Pater Miguel hätten sie besiegt. Wie man sagt, beteten die aragonesischen und katalanischen Soldaten nach Gott und der heiligen Jungfrau zu Pater Miguel.

Der berühmte Dominikaner hatte in Tolosa aus den Händen seines Freundes Dominikus die Ordenstracht empfangen. Dieser schickte in mit zwei weiteren Gefährten auf eine wichtige

Mission nach Paris, und er war es, der in Palma dank einer Schenkung des Sachwalters von Mallorcas erstem Bischof, Don J. R. de Torella, das erste Dominikanerkloster gründete.

Eine Moschee und einige Stückchen Land, die dazugehörten, waren der Anfang dieser ersten Klostergründung. Die Mönche vergrößerten in den folgenden Jahren ihre Gemeinschaft durch einen lukrativen Handel mit Waren aller Art und dank der Spenden, die sie recht häufig von den Gläubigen erhielten. Der Gründer aber, Pater Miguel de Fabra, starb in Valencia, der Stadt, die zu erobern er geholfen hatte.

Der Architekt des Dominikanerklosters war Jaime Fabra. Es wird nicht gesagt, ob dieser der Familie seines Namensvetters, Pater Miguel, angehörte. Man weiß nur, daß er um 1296 seine Pläne fertiggestellt hatte, und daß er in späteren Jahren die Kathedrale von Barcelona (1317) und viele andere Kirchen im Königreich Aragón entwarf.

Wenn man, wie wir es getan haben, die verschiedenen Teile des zerstörten Bauwerkes vergleicht, kann man erkennen, daß das Kloster und seine Kirche im Laufe der Zeit viele Veränderungen erfuhren. Hier steht ein kaum noch erhaltenes reiches Portal, dessen Stil ins 14. Jahrhundert weist. Aber weiter entfernt zeigen einige eingestürzte Bögen und auf den Trümmern liegende schwere Schlußsteine, daß noch andere und weitaus schlechtere Architekten als Jaime Fabra hier am Werk waren.

Auf diesen zahlreichen Ruinen, auf denen nur einige jahrhundertealte Palmen stehengeblieben sind – und dies auch nur aufgrund unserer eindringlichen Bitten –, bedauern wir, wie schon bei den Klöstern Santa Catalina und San Francisco in Barcelona, daß die kalte Politik diese sinnlosen Zerstörungen veranlaßt hat. Tatsächlich haben Kunst und Geschichte mit der Zerstörung der Klöster San Jerónimo in Palma und San Francisco, das auf störende Weise an die *Muralla de Mar* in Barcelona grenzte, nichts verloren. Aber warum soll man im Namen der Geschichte, im Namen der Kunst die Klöster Santa Catalina in Barcelona und San Domingo in Palma nicht als Denkmäler erhalten, deren Seitenschiffe die Gräber der reichen Wohltäter beherbergten, *las sepulturas de personas de bé*, wie es in einem Heftchen heißt, das aus den Klosterarchiven stammt. Dort lasen wir außer dem Namen von N. Cotoner, dem großen Meister des Malteserordens, von Dameto, den der Muntaner, Villalonga, La Romana - *Bonapart* ! Dieses Buch, wie alles, was aus dem Kloster stammt, gehört heute dem Abrißunternehmer.

Dieser Mann, ein wahrhaft typischer Mallorquiner, dessen erster Eindruck abweisend wirkte, zog einen dann doch in seinen Bann. Als er unser Interesse für die Ruinen als historische Erinnerungen erkannte, und da er wie jeder Mann des Volkes ein Anhänger des großen Napoleon war, beeilte er sich, uns die Grabstätte mit den Wappen der *Bonapart* zu zeigen, seiner Ahnen, denn so will es die mallorquinische Tradition. Dies schien uns so interessant, daß wir der Sache nachgingen, aber da wir mit anderer Arbeit beschäftigt waren, konnten wir ihr nicht die für eine gründliche Nachforschung nötige Zeit und Aufmerksamkeit widmen.

Wir fanden die Wappen der *Bonapart*, als da sind:

Blaues Feld mit sechs sechszackigen goldenen Sternen, die jeweils paarweise angeordnet sind; ein rotes Feld mit einem sich aufbäumenden goldenen Löwen mit geflecktem Fell, im Profil; im oberen Drittel ein schwarzer, steigender Adler, Kopf im Profil.

1. In einem Adels- oder Wappenbuch, das sich unter den Schätzen der Bibliothek des Herrn Grafen von Montenegro befindet, fanden wir ein Faksimile dieser Wappen.

2. In Barcelona wird in einem anderen spanischen Adelsbuch, das weniger schön ausgeführt ist und sich im Besitz des Kronarchivs von Aragón befindet, unter dem Datum vom 15. Juni 1549 der Adelsnachweis der Familie Fortuny aufgeführt. Unter den Wappen gehört das der Ahnherrin mütterlicherseits zur Familie der *Bonapart*.

Im Register, Index Pedro III., Band II, des Kronarchivs von Aragón werden zwei Akten mit der Jahreszahl 1276 erwähnt, die sich auf die Familie *Bonpar* beziehen. Dieser Name, der aus der Provence oder dem Languedoc stammt, wurde wie so viele andere zu jener Zeit dem Mallorquinischen angepaßt und zu *Bonapart*.

1411 kam Hugo *Bonapart*, ein gebürtiger Mallorquiner, als Gouverneur des Königs Martín de Aragón auf die Insel Korsika, und auf ihn gehen die Ursprünge der Bonaparte zurück. So ist *Bonapart* der romanische Name, *Bonaparte* der alte italienische und *Buonaparte* der moderne italienische. Es ist bekannt, daß die Mitglieder der Familie Napoleons ebenso mit Bonaparte wie mit Buonaparte unterzeichneten.

Doch wer weiß, welche Bedeutung diese unscheinbaren Hinweise noch vor einigen Jahren erlangt hätten, wenn Napoleon, der so gern Franzose sein wollte, hätte nachweisen können, daß seine Familie aus Frankreich stammte?

Auch wenn die Entdeckung Monsieur Tastus heute nicht mehr vom selben politischen Rang ist, so ist sie dennoch bemerkenswert, und wenn ich etwas bei der Verteilung der Gelder zu sagen hätte, die die französische Regierung den Wissenschaften zur Verfügung stellt, dann gewährte ich diesem Bibliographen die Mittel, um seine Studien zu vervollständigen.

Gegenwärtig spielt es kaum eine Rolle, das gebe ich zu, sich der französischen Abstammung Napoleons zu versichern. Dieser große Feldherr, der meiner Meinung nach (ich bitte die heutige Mode um Verzeihung) kein so bedeutender Kaiser, aber aufgrund seiner Natur ganz gewiß ein großer Mann war, hat es verstanden, sich von Frankreich aufnehmen zu lassen, und die Nachwelt wird nie danach fragen, ob seine Vorfahren Florentiner, Korsen, Mallorquiner oder Languedoquiner waren. Aber die Geschichte wird immer ein Interesse daran haben, den Schleier zu lüften, in den sich diese auserwählte Rasse hüllt und in der Napoleon sicherlich kein Zufall oder Einzelfall ist. Ich bin davon überzeugt, daß bei einer Ahnenforschung über die vorherigen Generationen dieser Familie Männer oder Frauen auftreten würden, die einer solchen Nachkommenschaft würdig waren. Hier könnten die Wappen, denen das Gesetz der Gleichheit Gerechtigkeit widerfahren ließ, sehr wichtige Dokumente für den Historiker sein, die hinreichend Licht auf das kriegerische oder ehrgeizige Geschick der früheren Bonaparte werfen könnten.

Hat es je ein stolzeres und symbolhaftigeres Wappen gegeben als das dieser mallorquinischen Edelmänner? Der Löwe in Kampfeshaltung, der mit Sternen besäte Himmel, von dem der prophetische Adler sich zu lösen versucht - ist dies nicht wie die geheimnisvolle Hieroglyphe eines außergewöhnlichen Schicksals? Kannte Napoleon, der den Zauber der Sterne mit Aberglauben liebte, sein mallorquinisches Wappen? Schwieg er über seine spanischen Vorfahren, weil er die Linie nicht bis auf den vermuteten Ursprung bei den *Bonpar* der Provence zurückverfolgen konnte? Das ist das Schicksal der großen Männer, wenn sie sterben: die Nationen um ihre Herkunft oder Gräber ringen zu sehen.

BONAPART

(Auszug aus einem Wappenbuch (Handschrift), das die Wappen der Adelsfamilien auf Mallorca enthält, etc., etc. Die Handschrift stammt von dem mallorquinischen Chronisten Don Juan Dameto, gestorben 1633, und befindet sich in der Bibliothek des Grafen von Montenegro. Die Handschrift stammt aus dem 16. Jahrhundert.)

Mallorca, 20 September 1837.

M. TASTU

FORTUNY,

Sein Vater, adliges
Geschlecht Mallorcas.

Silbernes Feld, fünf
schwarze Taschensandkreb-
se, zwei, zwei, eins.

COS,

Seine Mutter, adliges
Geschlecht Mallorcas.

Rotes Feld, goldener Bär,
gekrönt mit einer bour-
bonischen Lilie.

BONAPART,

Seine Großmutter väterlicherseits,
adliges Geschlecht Mallorcas.

Hier fehlte die Erklärung
des Wappens: die Unter-
schiede stammen vom
Maler dieses Adelsbuches.
Er hat nicht abgezählt, was
er kopierte; im übrigen
arbeitete er ungenau.

GARI,

Seine Großmutter mütterlicherseits,
adliges Geschlecht Mallorcas.

Ein rotes Feld mit drei
silbernen Türmen, zwei,
einer; und ein blaues Feld
mit drei wellenförmigen
Silberstreifen.

Dritter Teil

Das Kartäuserkloster in Valldemossa.

Kapitel I

E s war ungefähr Mitte Dezember, als wir an einem heiteren Morgen nach Valldemossa aufbrachen, um unsere Kartäuserzelle unter den herrlichen Strahlen einer Herbstsonne, wie sie für uns heute immer seltener wird, in Empfang zu nehmen. Nachdem wir die fruchtbaren Ebenen von *Establiments* durchquert hatten, kamen wir in eine Gegend, die bald bewaldet, bald trocken und steinig, bald feucht und kühl war, sie schien dem ständigen und plötzlichen Wechsel unterworfen.

Nirgendwo, abgesehen vielleicht in einigen Tälern der Pyrenäen, hat sich die Natur je so frei vor uns entfaltet, wie in dieser weiten Landschaft Mallorcas. Sie veranlaßte mich, die perfekte Kultivierung, die die Mallorquiner von ihrer Insel behaupten, einigermaßen in Frage zu stellen.

Ich wollte ihnen hier jedoch nichts vorwerfen, denn es gibt nichts Schöneres als diese brachliegenden Felder, die hervorbringen, was sie wollen und auf denen es an nichts fehlt: gekrümmte, vornüber geneigte und verkrüppelte Bäume; mächtige Dornbüsche, herrliche Blumen; Teppiche aus Moos und Schilf; dornige Kapernstauden, zarte Asphodilien und vieles anderes, das eine Gott gefällige Form erhielt: Abhänge und steinige Wege, die plötzlich in einem Steinbruch enden; ein moosbedeckter Pfad, der in einem trügerischen Bach verschwindet; eine offene Weide, die unvermutet vor einem steilen Berg endet;

dann Unterholz, mit dicken, wie vom Himmel gefallenen Felsbrocken; Hohlwege am Rande des zwischen Myrthengestrüpps
und Geißblatt dahinfließenden Wildbachs; und schließlich ein
Landgut, das wie eine Oase in der Wüste anmutet, mit einer
Palme, die dem Wanderer in seiner Einsamkeit wie ein Wach-
turm erscheint.

Weder die Schweiz noch Tirol haben mir diesen Anblick
freier und archaischer Schöpfung bieten können, der mir so an
Mallorca gefallen hat. Es schien mir, als ob an den urwüchsigsten Stellen in den Schweizer Bergen die Natur der Hand des
Menschen nur entkam, um sich den noch schrecklicheren
Widrigkeiten des Himmels auszuliefern. Wie eine sich selbst
überlassene, feurige Seele muß sie das Sklaventum ihrer eigenen
Qualen erleiden. Auf Mallorca blüht sie unter den Küssen eines
glühenden Himmels und lächelt unter den sanften Stürmen, die
sie beim Überqueren der Meere streifen. Die geknickte Blume
richtet sich leichter wieder auf, der gebrochene Baumstamm
bringt nach dem Sturm lebendigere Knospen hervor. Und
obwohl es an und für sich keine verlassenen Gegenden auf der
Insel mehr gibt, verleiht ihr das Fehlen von Wegen einen
Hauch von Verlassenheit oder Rebellion, die sie den herrlichen
Grasebenen Louisianas ähneln läßt, wo ich in den geliebten
Träumen meiner Jugend René auf der Suche nach den Spuren
der Atalas oder Chactas folgte.

Ich bin sicher, daß dieses Lob den Mallorquinern nicht sehr
gefallen wird, denn sie bilden sich ein, sehr angenehme Straßen
zu haben. Für das Auge angenehm, das leugne ich nicht, aber für
die Kutschen wenig geeignet, wie Sie aus meinen Erzählungen
entnehmen werden können.

Das meistgebrauchte Gefährt auf der Insel ist die *tartana*,
eine Art *coucou-omnibus*,[15] der von einem Pferd oder Maulesel
gezogen wird und keinerlei Federung hat. Ebenso gibt es den
birlocho, eine Art Wagen mit vier Sitzen, der wie die *tartana*

---

[15] Französische Mietkutsche des 19. Jahrhunderts.

gebaut ist, mit festen, eisenbeschlagenen Rädern, aber im Innern mit einem halben Fuß starken Polster aus Schafswolle. Dieses Polster gibt einem zu denken, wenn man sich anschickt, zum ersten Mal in einem solch angenehm gefälligen Gefährt zu reisen. Der Kutscher läßt sich auf dem Brett nieder, das ihm als Bock dient, die Füße auf die Deichseln gestützt und den Rücken des Pferdes zwischen den Beinen, so daß er das Vergnügen hat, nicht nur sämtliche Erschütterungen des Wagens, sondern auch alle Bewegungen des Tieres zu spüren, indem er gleichzeitig auf dem Wagen wie auf dem Pferde sitzt. Es scheint ihm nicht lästig zu sein, in dieser Position verharren zu müssen, denn er singt immer, wie heftig die Erschütterungen auch sein mögen, und er unterbricht seinen Gesang nur, um mit gleichgültigem Gesichtsausdruck furchtbare Flüche auszustoßen, wenn sein Pferd zögert, sich in einen Abhang zu stürzen oder eine Felswand hinaufzuklettern.

Und so reist man: vergeblich werfen sich Schluchten, Wildbäche, Hecken oder Dornenbüsche in den Weg, wegen derartiger Lappalien wird nicht angehalten. Denn all dies wird für gewöhnlich als Straße bezeichnet.

Zu Anfang hält man dieses Hindernisrennen für einen schlechten Witz und fragt seinen Fahrer, was ihm einfalle.

"Dies ist die Straße", antwortet er Ihnen.

"Aber dieser Fluß?"

"Es ist die Straße."

"Und diese Untiefe?"

"Die Straße."

"Und dieses Gebüsch auch?"

"Alles ist die Straße."

"Dann viel Glück!"

Nun bleibt Ihnen nichts anderes übrig, als weiterzufahren und das Polster im Wagen zu segnen, ohne das Sie unweigerlich mit gebrochenen Knochen ankämen, sowie Ihre Seele Gott anzuvertrauen und die Landschaft zu betrachten, während Sie den Tod erwarten, oder ein Wunder.

Und trotzdem kommt man manchmal heil und gesund an, dank des nur gelegentlich schlingernden Wagens und der Stärke der Pferdebeine und möglicherweise dank der Sorglosigkeit des Kutschers, der alles geschehen läßt, die Arme verschränkt und in aller Ruhe seine Zigarre raucht, während ein Rad auf dem Berg und das andere schon im Abgrund rollt.

Man gewöhnt sich schnell an eine Gefahr, wenn man sieht, daß ihr die anderen nicht die geringste Bedeutung beimessen, auch wenn die Gefahr ganz offensichtlich wird. Man kippt nicht jeden Tag um, aber wenn man umkippt, erhebt man sich kaum wieder. Monsieur Tastu hatte im vorigen Jahr einen solchen Unfall auf unserem Weg nach *Establiments* und er schien auf der Stelle tot. Als Folgeerscheinungen sind ihm schreckliche Kopfschmerzen geblieben, die jedoch seinem Wunsch, nach Mallorca zurückzukehren, keinen Abbruch getan haben.

Fast alle Menschen des Landes besitzen irgendeinen Wagen, und den Adligen gehören Karossen aus der Zeit Ludwig XIV., mit breitem Wagen, manche mit acht Fenstern und riesigen Rädern, die alle Hindernisse überwinden. Vier oder sechs starke Maulesel ziehen mit Leichtigkeit diese schweren Fahrzeuge, die zwar schlecht gefedert und viel zu pompös, aber geräumig und solide sind. Die fürchterlichsten Engpässe werden damit im Galopp und mit unglaublicher Kühnheit genommen, wobei man etliche Prellungen erleidet, sich den Kopf stößt oder zumindest kräftige Schrammen davonträgt.

Der ernste Miguel de Vargas, ein echter spanischer Schriftsteller, der niemals scherzt, spricht von den *horrorosa caminos* Mallorcas: *"En cuyo esencial ramo de policía no se puede ponderar bastantemente el abandono de esta Balear. El que llaman camino es una cadena de precipios intratables, y el tránsito desde Palma hasta los montes de Galatzó presenta al infeliz pasajero la muerte a cada paso"*, etc.[16]

---

[16] "In diesem wichtigen Verwaltungsbereich kann man die Nachlässigkeit auf dieser Insel nicht genug übertreiben. Das, was sie Weg nennen, ist eine Reihe von unzugänglichen Abgründen, und auf der Reise von Palma in die Berge von Galatzó begegnet dem unglücklichen Passagier der Tod auf jedem Schritt", etc.

In der Umgebung der Städte sind die Straßen weniger gefährlich, aber sie haben den großen Nachteil, daß sie von zwei Mauern oder Hecken begrenzt werden, die verhindern, daß zwei Kutschen aneinander vorbeifahren können. Treffen zwei Fahrzeuge aufeinander, müssen die Ochsen vom Karren oder die Pferde vom Wagen abgespannt werden, und einer der beiden muß nicht selten eine lange Strecke zurückfahren. So ergeben sich lange Diskussionen darüber, wer von beiden zurückfahren muß, und während dieser Zeit bleibt dem sich verspätenden Reisenden nichts anderes übrig, als sich zu seiner eigenen Erbauung an die mallorquinische Devise zu halten: *mucha calma*.

Trotz der geringen Ausgaben der Mallorquiner für den Unterhalt ihrer Straßen haben sie den Vorteil, über viele solcher Wege zu verfügen. Man hat nur die Qual der Wahl. Ich bin drei Mal vom Kloster nach Palma und zurück gefahren; sechs Mal habe ich einen anderen Weg genommen und sechs Mal hat der Kutscher sich verirrt und wir mußten unter dem Vorwand, einen siebten Weg zu suchen, von dem es hieß, er sei der beste von allen und den er niemals fand, über Berge und durch Täler irren.

Von Palma nach Valldemossa sind es drei Meilen, allerdings mallorquinische Meilen, die selbst bei schneller Gangart in nicht weniger als drei Stunden zurückgelegt werden können. Während der ersten zwei steigt man allmählich an; aber mit der dritten kommt man in die Berge und folgt einer gut gepflasterten Steige (möglicherweise ein altes Werk der Kartäuser), die jedoch sehr eng, beängstigend schnell und gefährlicher als der Rest des Weges ist.

Dort wird man des gebirgigen Teils von Mallorca gewahr. Auch wenn die Berge sich zu beiden Seiten des Engpasses erheben und der Wildbach von Fels zu Fels springt: erst im Winter nehmen diese Orte den wilden Charakter an, den die Mallorquiner ihnen zuschreiben. Im Dezember war der Fluß trotz des erst gefallenen Regens immer noch ein reizendes Bächlein, das zwischen Wiesen und Blumen dahinplätscherte.

Der Berg war anmutig und das Tal von Valldemossa öffnete sich vor uns wie ein Frühlingsgarten.

Um zur Kartause zu kommen, muß man aus dem Wagen steigen, denn kein Gefährt schafft es, den gepflasterten Weg, der zu ihr führt, hinaufzusteigen. Es ist ein vortrefflicher Weg, mit seinen kühnen Windungen zwischen den herrlichen Bäumen und der großartigen Aussicht, die sich bei jedem Schritt bietet und noch zunimmt, je höher man kommt. Ich habe nichts Lieblicheres und gleichzeitig Melancholischeres gesehen als diese Panoramen, in denen die grüne Eiche, der Johannisbrotbaum, die Pinie, die Olive, die Pappel und Zypresse ihre verschiedenen Farben zu einem tiefen Laubwerk vermischen, in dessen wahrhaftige Schluchten von Grün sich der Wildbach stürzt und unter Felsen von gewaltiger Pracht und einmaliger Anmut entlang fließt. Kaum werde ich eine Kurve des Hohlweges vergessen, von der man, wenn man sich umdrehte, auf der Höhe eines Berges eines dieser bereits erwähnten arabischen Häuschen erkennen konnte, halb verborgen zwischen Feigenblättern und einer hohen Palme, die, ihren Umriß in den Himmel zeichnend, sich über den Abgrund neigte. Wenn angesichts des Schmutzes und des Nebels in Paris in mir der Ekel aufsteigt, schließe ich die Augen und sehe wie in einem Traum wieder diesen Berg voller Grün vor mir, diese wilden Felsen und diese einsame, vor dem Hintergrund eines rosagefärbten Himmels stehende Palme.

Die Bergkette von Valldemossa erhebt sich von Ebene zu Ebene und schließt sich wie ein Trichter, der von hohen Bergen umgeben ist und im Norden durch eine weitere Ebene begrenzt wird, an deren Beginn das Kloster steht. Die Mönche haben in schwerer Arbeit die Rauhheit dieser romantischen Landschaft gemildert. Sie haben aus dem Tal, mit dem die Bergkette endet, einen weitläufigen Garten gemacht, der von Mauern umgeben wird, die den Blick nicht stören. Einen Garten, dem die pyramidenförmige Zypressenhecke und deren paarweise Anordnung das Aussehen einer Operndekoration verleiht.

Palme in Valldemossa aus der Zeit von Chopin und George Sand .

Dieser Garten, in dem Palmen und Mandelbäume stehen, nimmt die gesamte Höhe des Tales ein und reicht in Terrassen bis zu den ersten Berghängen heran. Bei Mondschein und wenn die Schatten die Unregelmäßigkeit dieser Terrassen mäßigen, könnte man meinen, es handele sich um ein Amphitheater, das für die Kämpfe von Giganten geschaffen wurde. In der Mitte, unter einer herrlichen Palmengruppe, empfängt ein steinernes Becken das Wasser aus der Bergquelle und leitet es durch gemauerte Kanäle, die den Bewässerungskanälen in der Umgebung von Barcelona gleichen, in den unteren Teil des Tales weiter. Diese Anlagen, in Mallorca wie in Katalonien, sind recht eindrucksvoll und zu genial, um nicht das Werk der Araber sein zu können. Man findet sie im gesamten Inneren der Insel, und die, die vom Kloster ausgehen, verlaufen an einem Flußbett entlang und versorgen Palma in allen Jahreszeiten mit frischem Wasser.

Das Kloster liegt auf der letzten Bergebene, und an seiner Nordseite befindet sich ein weites Tal, das noch breiter wird und in einer sanften Neigung zur zerklüfteten Küste hin ausläuft, an die das Meer brandet und in die es sich hineinfrißt. Ein Ausläufer der Bergkette weist in Richtung Spanien, der andere gen Osten. Von diesem pittoresken Kloster aus kann man das Meer auf beiden Seiten sehen. Während man es im Norden tosen hört, sieht man es als schwach glänzende Linie jenseits der steil abfallenden Berge und der unendlichen Ebene, die sich im Süden ausbreitet. Ein wunderbares Bild, das im Vordergrund eingerahmt wird von schwarzen, pinienbedeckten Felsen, dahinter von steil abfallenden Bergen, auf denen sich stolz die Bäume erheben. Im Hintergrund folgen runde Hügel, von der untergehenden Sonne in ein goldenes Licht mit den glühendsten Nuancen getaucht, und über denen der Blick noch auf einer Meile Entfernung die winzige Silhouette der Bäume wahrnimmt, fein wie die Fühler eines Schmetterlings und schwarz und rein wie chinesische Tusche auf leuchtendem Gold. Dieser leuchtende Hintergrund ist die Ebene, und wenn sich die Nebel erheben und einen durchsichtigen Schleier über den Abgrund breiten, könnte man auf diese Entfernung hin glauben, es sei das Meer. Aber das Meer ist noch sehr weit, und bei Sonnenaufgang, wenn die Ebene wie ein blauer See erscheint, zeichnet das Mittelmeer einen glänzenden Silberstreifen am Horizont dieser großartigen Aussicht.

Dieses ist eine jener Landschaften, die uns sprachlos machen, da sie uns nichts Wünschenswertes, noch Vorstellbares mehr übrig lassen. Alles, von dem der Maler oder Dichter träumen kann, hat die Natur an diesem Ort geschaffen. Ein kolossales Ganzes mit unendlich vielen Details, einer unerschöpflichen Vielfalt, verworrenen Formen, markanten Umrissen und vagen Tiefen, alles ist vorhanden, und die Kunst kann nichts hinzufügen. Der Geist reicht nicht immer aus, um das Werk Gottes zu erfassen und zu verstehen, und wenn er über sich selbst reflektiert, so geschieht das, um seine Ohnmacht zu spüren, um irgendeinen Ausdruck zu finden, der der Größe des Lebens, das ihn überwältigt und berauscht, gerecht wird. Ich würde den Menschen, die von der Eitelkeit der Kunst verzehrt werden, raten, solche Landschaften zu betrachten, und zwar oft. Ich glaube, sie hätten dann den Respekt für die göttliche Kunst, der ihnen fehlt, für eine Kunst, die die ewige Schöpfung der Dinge versteht – oder zumindest stelle ich mir das so vor angesichts der Überladenheit ihrer Formen.

Was mich betrifft, so habe ich nie stärker die Nichtigkeit des Wortes gespürt als in jenen Stunden der Kontemplation, die ich im Kloster verbracht habe. Religiöse Gefühle beherrschten mich, es fiel mir kein anderer Ausdruck der Begeisterung ein als dieser: "Mein Gott, gesegnet seist Du, weil Du mir so gute Augen gegeben hast!"

Andererseits glaube ich, daß, wenn auch die zufällige Erbauung an diesen wunderbaren Schauspielen eine gesunde und beruhigende Wirkung hat, die ständige Entzückung gefährlich ist. Man gewöhnt sich daran, im Zustand der Sensation zu leben, und das Gesetz, das jedweden Mißbrauch von Sensation

Maurice und Solange Sand essen Orangen (Zeichnung von Maurice Sand).

beherrscht, ist die Abstumpfung. So kann man die allgemeine Gleichgültigkeit der Mönche für die Poesie, die ihre Klöster umgibt, verstehen, und ebenso die der Bauern und Hirten angesichts der Schönheiten ihres Landes.

Wir hatten keine Zeit, all dieser Dinge überdrüßig zu werden, denn fast jeden Abend senkte sich bei Sonnenuntergang der Nebel darüber und beschleunigte das Ende dieser ohnehin schon kurzen Tage, die wir in diesem Trichter verbrachten. Bis Mittag waren wir in den Schatten des großen Berges zur Linken eingehüllt, und um drei Uhr nachmittags erreichte uns der Schatten des Berges zur Rechten. Aber welch herrliche Lichteffekte konnten wir beobachten, wenn die schrägen Strahlen der Sonne, die durch die Felsspalten drangen oder zwischen den Bergspitzen hinabglitten, goldene und purpurne Kronen auf unsere unteren Ebenen zeichneten. Manchmal tränkten unsere Zypressen, die als schwarze, spitze Säulen im Hintergrund des Bildes als Kontrast dienten, ihre Kronen in diesem leuchtenden Licht. Die Dattelfrüchte unserer Palmen schienen Büschel von Rubinen zu sein; und eine lange, dunkle Linie, die den Hügel schräg durchschnitt, teilte ihn in zwei Hälften, von denen eine in die klaren Farben des Sommers getaucht war, während die andere sich blau und kalt wie eine Winterlandschaft darbot.

Im Kloster von Valldemossa hatten mit dem Abt genau dreizehn Mönche gelebt, die der Regel der Kartäuser gefolgt waren. Das Kloster war dem Dekret von 1836 entgangen, das die Zerstörung aller Klöster, in denen mehr als zwölf Personen wohnten, angeordnet hatte. Aber wie alle anderen wurde auch dieses aufgelöst und der Konvent aufgehoben, das heißt, alles ging in den Besitz des Staates über. Der mallorquinische Staat, der nicht wußte, wie er die großen Gebäude nutzen sollte, hatte entschieden, die Zellen an alle zu vermieten, die dort bis zu deren Verfall wohnen wollten. Obwohl die Preise äußerst bescheiden waren, wollten die Einwohner von Valldemossa nicht dort wohnen, sei es wegen ihrer großen Frömmigkeit oder wegen ihres Mitgefühls für die Mönche, oder aber aus einer abergläubischen Furcht heraus, was sie jedoch nicht daran hinderte, in den Karnevalsnächten dort tanzen zu gehen. Unsere unwürdige Anwesenheit zwischen jenen ehrwürdigen Mauern sahen sie sehr ungern.

Trotzdem war das Kartäuserkloster während der Sommermonate zu einem großen Teil bewohnt, und zwar von Bürgersleuten aus Palma, die in jenen dicken Gewölben kühlere Luft suchten, als die, die sie in der Ebene und in der Stadt vorfanden. Aber der nahende Winter vertrieb sie wieder, und während wir dort lebten, befanden sich außer meiner Familie und mir noch der Apotheker, der Sakristan und María Antonia im Kloster.

María Antonia war eine Art Hausdame, die, so glaube ich, nach Spanien gekommen war, um dem Elend zu entgehen, und sie hatte eine Zelle gemietet, um an den Gästen des Klosters zu verdienen. Ihre Zelle lag neben der unsrigen, und sie diente uns als Küche, während die Frau unsere Haushälterin sein sollte. Sie war früher einmal hübsch gewesen, fein und sauber im Aussehen und freundlich im Umgang, von guter Herkunft, so gab sie an, mit ausgezeichneten Umgangsformen, harmonischer Stimme, einschmeichelndem Gesichtsausdruck und von ganz besonderer Gastfreundschaft. Es war ihre Gewohnheit, den Neuankömmlingen ihre Dienste anzubieten, und, fast schamhaft und die Beleidigte spielend, jegliche Art von Entlohnung für ihre Mühe abzulehnen. Sie handelte so, sagte sie, aus Liebe Gottes, *por l'asistencia*, mit dem einzigen Ziel, die Freundschaft ihrer Nachbarn zu gewinnen. Ihr Mobiliar bestand aus einem Faltbett, einem Kohlenöfchen, einem Kohlebecken, zwei Strohstühlen, einem Kruzifix und ein paar irdenen Tellern, und alles stellte sie uns großzügig zur Verfügung, ja, sie erlaubte uns sogar, unsere Dienerin und Köchin bei ihr unterzubringen.

Doch alsbald nahm sie alle Küchengeräte in Besitz und reservierte sich die besten Tücher und die besten Bissen. Niemals habe ich einen frommen Mund gesehen, der gefräßiger gewesen wäre, noch Finger, die flinker gewesen wären, um, ohne sich zu verbrennen, bis auf den Grund der siedenden Kessel zu gelangen, noch eine Kehle, die geschickter den Zucker und Kaffee ihrer lieben Gäste wegtrank, wobei sie fortwährend ein Lied oder einen Bolero vor sich hin summte. Es wäre unterhaltsam und amüsant gewesen, hätte man das Problem als Unbeteiligter beobachten können, diese gute Antonía, sowie Catalina, die große Hexe von Valldemossa, die uns als Hausmädchen diente, und die *niña* zu sehen, ein kleines, zerzaustes Monster, das manchmal Laufbursche spielte, wie sie sich untereinander um unsere Mahlzeiten schlugen. Es war die Stunde des *Angelus*, und diese drei Katzen versäumten es nie, ihn herunterzuleiern: die beiden Alten im Duett, wobei sie sich von unseren sämtlichen Schüsseln bedienten, und die Kleine, *Amen* anwortend, schnappte sich mit unglaublicher Geschicklichkeit ein Kotelett oder eine kandierte Frucht. Man hätte ein Bild davon machen können und es war der Mühe wert, so zu tun, als sähe man nichts. Aber als die Regenfälle immer häufiger die Verbindung nach Palma unterbrachen und die Vorräte weniger wurden, begann die *asistencia* Marías und ihrer Bande unangenehm zu werden, und meine Kinder und ich sahen uns mehrmals in der Rolle von Wachsoldaten, um unsere Lebensmittel bewachen. Ich erinnere mich, wie ich unter dem Kopfteil meines Bettes einige Päckchen Kekse versteckte, die für das Frühstück am nächsten Morgen waren, und wie ich mit wahren Adleraugen über ein paar Teller Fisch wachte, um diese kleinen Raubvögel, die uns nichts mehr als Gräten übriggelassen hätten, von unserem im Freien stehenden Ofen fernzuhalten.

Der Sakristan war ein dicker Bursche, der wohl seit seiner Kindheit den Mönchen bei der Messe geholfen hatte und jetzt die Schlüssel des Klosters aufbewahrte. Man erzählte eine skandalöse Geschichte über ihn: er war überführt und hatte gestanden, eine *señorita*, die ein paar Monate mit ihren Eltern in dem Kartäuserkloster verbracht hatte, verführt und entehrt zu haben, und er verteidigte sich damit, daß der Staat ihm nur die Überwachung der gemalten Jungfrauen aufgetragen habe. Er

Aquarell von Maurice Sand. Aufaschrift des Künstlers: Le réservoir et le jardinet de la cellule / 1838 Valldemossa / Mallorque [sic]. *Die Zisterne und der kleine Garten der Zelle / 1838 Valldemossa / Mallorca.*

war keineswegs attraktiv, wollte aber den Dandy spielen. Statt des hübschen, halb arabischen Anzugs, den die Menschen seiner Klasse trugen, bevorzugte er enge europäische Hosen, die die Mädchen des Ortes entzücken mußten. Seine Schwester war die schönste Mallorquinerin, die man sich vorstellen kann. Die Familie lebte nicht im Kloster. Sie war reich und stolz und besaß ein Haus im Dorf, aber jeden Tag machte sie eine Runde durch das Kloster und besuchte María Antonia, die sie zu unserem Abendessen einlud, wenn sie selbst keinen Appetit hatte.

Der Apotheker war ein Kartäusermönch, der sich in seine Zelle einschloß, wo er seine ehemals weiße Kutte anzog und ganz allein die Messe las. Wenn man an seine Tür klopfte, um ihn um Eibisch oder Hundsgras zu bitten (die einzigen Mittel, die er besaß), sah man ihn hastig sein Ordenskleid unter dem Bett verstecken und in schwarzen Hosen, Strümpfen und kurzer Jacke erscheinen, so wie die Operateure, die Molière in seinen Intermezzi Ballett tanzen ließ. Er war ein mißtrauischer Alter, der sich nie über irgendetwas beklagte und der vielleicht für den Triumph des Don Carlos und die Rückkehr der Heiligen Inquisition betete, ohne jemandem Böses zu wollen. Er verkaufte uns seine Kräuter zum Goldpreis, und mit diesen kleinen Nebeneinnahmen tröstete er sich darüber hinweg, vom Armutsgelübde befreit worden zu sein. Seine Zelle war ziemlich weit von unserer entfernt, sie lag beim Eingang des Klosters in einer Art Schweinestall, dessen Tür hinter einem Rizinusgebüsch und anderen üppig wuchernden Heilpflanzen versteckt war. Wie ein alter Hase, der sich fürchtet, die Hunde auf seine Spur zu setzen, ließ er sich, dort eingeschlossen, nur selten blicken, und wenn wir nicht seiner Heilmittel bedurft hätten, hätten wir nie gedacht, daß noch ein Kartäusermönch im Kloster lebte.

Rein architektonisch gesehen hat dieses Kloster keine Schönheiten zu bieten, aber es ist ein solider und umfangreich konstruierter Gebäudekomplex. Auf einem solchen Gelände mit solchen Mauersteinen hätte man ein wahres Heer unterbringen

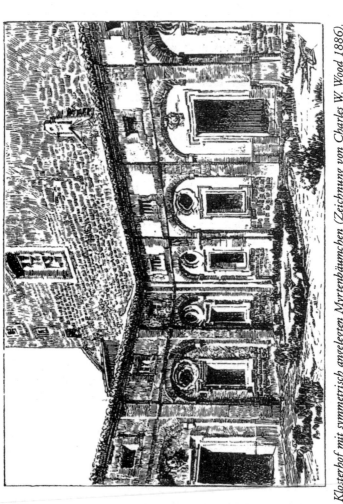

Klosterhof mit symmetrisch angelegten Myrtenbäumchen (Zeichnung von Charles W. Wood 1886).

können, und doch war dieses weitläufige Gebäude nur für zwölf Personen gebaut worden. Nur im neuen Klostergang (denn dieses Kloster besteht aus drei Teilen, die in verschiedenen Epochen aneinandergefügt worden waren) gibt es zwölf Zellen, von denen jede aus drei geräumigen Zimmern besteht, die alle auf einer Seite des Klosters liegen. In den beiden Seitengebäuden befinden sich zwölf Kapellen. Jeder Mönch hatte seine eigene, in der er sich einschloß, um darin allein zu beten. Alle diese Kapellen sind unterschiedlich geschmückt mit sehr abgeschmackten Bildern und Malereien sowie mit Heiligenstatuen aus bemaltem Holz, die so scheußlich sind, daß ich ihnen ungern hätte bei Nacht begegnen wollen. Der Boden dieser Gebetsräume ist mit emaillierten Fliesen ausgelegt, die zu unterschiedlichen, sehr wirkungsvollen Mosaiken zusammengesetzt worden waren. Der arabische Stil herrscht hier immer noch vor, und er ist der einzig gute Stil, der auf Mallorca jahrhundertelang überlebt hat. Schließlich ist jede dieser Kapellen mit einem Brunnen oder Becken aus einheimischem Marmor ausgestattet, denn jeder Mönch mußte täglich seinen Gebetsort mit Wasser reinigen. In diesen gewölbten, schattigen und mit emaillierten Steinen geschmückten Räumen herrscht eine solche Kühle, daß sie an den heißen Tagen der Sommerhitze aus den langen Stunden des Gebets leicht eine Art Wollust machen konnte.

Die vierte Seite des Klosters, in deren Mitte ein kleiner begrünter Innenhof liegt und der symmetrisch mit Myrtenbäumen bepflanzt ist, die ihre Pyramidenform noch nicht ganz verloren haben, die ihnen von den Scheren der Mönche verliehen worden war, befindet sich parallel zu einer hübschen Kirche, deren Sauberkeit und Stattlichkeit im Gegensatz zu der Verlassenheit und Einsamkeit des Klosters steht. Wir hatten erwartet, eine Orgel vorzufinden, aber wir hatten vergessen, daß die Ordensregeln der Kartäuser Musikinstrumente als törichten Luxus und Sinnenlust verbieten. Die Kirche besteht aus einem einzigen Schiff, dessen Boden aus Fliesen mit herrlichen, sehr zierlich gemalten Blumen, wie auf einem Teppich, gemacht ist.

Die Holztäfelungen, Beichtstühle und Türen sind von völliger Schlichtheit, aber die Vollkommenheit ihrer Streben und die Makellosigkeit der so schlichten, ganz fein verzierten Ausführung zeugen andererseits von einer Geschicklichkeit, die man in Frankreich leider nicht einmal mehr in der Elfenbeinschnitzerei findet. Unglücklicherweise hat sich diese sorgfältige Ausarbeitung auch auf Mallorca verloren. Monsieur Tastu hat mir erzählt, daß es auf der gesamten Insel nicht mehr als zwei Handwerker gebe, die diesen Beruf zu einer Kunst gemacht hätten. Der Tischler, den wir im Kloster hatten, war ohne Zweifel ein Künstler, aber nur hinsichtlich der Musik und der Malerei. Als er eines Tages in unsere Zelle kam, um ein paar Regale aus weichem Holz anzubringen, inspizierte er unser ganzes Künstlergepäck mit jener Neugier, die zwischen Naivität und Taktlosigkeit schwankt und die ich schon bei den griechischen Slawonen beobachtet hatte. Die Entwürfe, die mein Sohn nach den Bildern Goyas gemacht hatte und die Mönche bei einem Festmahl darstellten, Bilder, die ich als Wandschmuck für unsere Zimmer verwendet hatte, entsetzten ihn ein wenig. Aber als er die 'Kreuzabnahme' sah, einen Stich nach dem Gemälde Rubens', blieb er lange Zeit in tiefste Betrachtung versunken davor stehen. Wir fragten ihn, was er davon halte und er sagte zu uns: "Auf der ganzen Insel Mallorca gibt es weder so etwas Schönes noch so etwas *Natürliches.*"

Dieses Wort *natürlich* aus dem Munde eines Dörflers, der die Mähne und Gebärden eines Wilden hatte, beeindruckte uns stark. Der Klang des Klaviers und das Spiel des Künstlers versetzten ihn in eine Art Ekstase. Er ließ seine Arbeit liegen und stellte sich hinter den Stuhl des Spielenden, mit geöffnetem Mund und entrücktem Blick. Diese erhabenen Momente hinderten ihn nicht daran, ein Dieb zu sein wie es alle Leute auf dem Lande gegenüber Fremden sind, und das, ohne Skrupel, obgleich sie untereinander grundehrlich sein sollen. Er verlangte einen unerhörten Preis und streckte seine Hände gierig nach den kleinen französischen Utensilien aus, die wir mitgebracht hatten. Ich mußte viele Anstrengungen unternehmen, um zu

V.E. DEL GLORIOSO P. SAN BRUNO,
Fundador de la Religⁿ de Cartuxos, segun el Exemplar qᵉ se venera
en la Cartuxa de Calabria.

*Der heilige Bruno und die Kartause von Valldemossa im
18. Jahrhundert (Stich von Muntaner).*

verhindern, daß meine Toilettengegenstände in seine Taschen wanderten. Am meisten führte ihn ein Glas in Versuchung, oder vielleicht die Zahnbürste darin, deren Verwendung er gewiß nicht kannte. Dieser Mann, der die künstlerischen Fähigkeiten eines Italieners besaß, verfügte über die Raubinstinkte eines Malaien oder eines Kaffers.

Diese Abschweifung erinnert mich an den einzigen Kunstgegenstand, den wir im Kloster vorfanden. Es war eine Statue des heiligen Bruno aus bemaltem Holz, die in der Kirche stand. Entwurf und Farbe waren einer Hervorhebung würdig. Die wundervoll gearbeiteten Hände waren zu frommem und inbrünstigem Gebet gefaltet und der Kopf drückte erhabenen Glauben und Schmerz aus. Und dennoch war es das Werk eines Ignoranten, denn die Statue, die sich gegenüber befand und vom gleichen Künstler stammte, war, wie man sie auch betrachten mochte, schlecht. Aber bei der Schaffung des heiligen Bruno hatte er einen Hauch von Eingebung gehabt, eine begeisterte, vielleicht religiöse Verzückung, die ihn über sich selbst hinausgehoben hatte. Ich bezweifle, daß der heilige Fanatiker aus Grenoble jemals so verstanden und mit so einem tiefen und glühenden Gefühl dargestellt worden ist. Es war die Personifizierung christlicher Askese, aber selbst auf Mallorca erhebt sich das Symbol dieses Glaubensfanatismus in der Einsamkeit.

Der alte Klostergang, den man durchqueren muß, um in den neuen zu gelangen, ist mit diesem durch eine recht einfache Abzweigung verbunden, die ich aber aufgrund meines schlechten Orientierungssinnes nie wiederfinden konnte, ohne mich zuvor im dritten Klostergang zu verlieren.

Dieses dritte Gebäude, das man das erste nennen sollte, weil es das älteste ist, ist auch das kleinste und bietet ebenso wie die anderen einen bezaubernden Anblick. Der Innenhof, den die halb zerfallenen Mauern einschließen, ist der alte Friedhof der Mönche. Keine Inschrift kennzeichnet diese Gräber, die der Kartäusermönch schon zu Lebzeiten aushebt und wo die Erinnerung vergeblich das Nichts des Todes anficht. Die Grabstätten

Der ehemalige Friedhof des Kartäuserklosters (J. B. Laurens 1839).

sind wegen des wuchernden Grases kaum zu erkennen. Monsieur Laurens hat die Ansicht dieses Klosterganges in einer hübschen Skizze dargestellt, in der ich erneut mit großen Vergnügen den kleinen Brunnen mit seinem kleinen Spitzdach, die Fenster mit ihren steinernen Kreuzen, um die alle wilden Kräuter der Ruinen wucherten, und die hohen, senkrechten Zypressen betrachten konnte, die sich nachts wie schwarze Gespenster um das Kreuz aus weißem Holz herum aufrichten. Ich bedauerte es, daß er nicht den Mond hinter dem schönen sandsteinfarbenen Berg, der dieses Kloster überragt, gemalt hat, und ebensowenig den alten Lorbeerbaum mit seinem riesigen Stamm und seiner ausgedorrten Krone im Vordergrund, aber vielleicht existierte er schon nicht mehr, als Laurens das Kloster besuchte. Dennoch habe ich in seinem Bild und Text eine ehrenvolle Erwähnung der schönen Zwergpalme (*chamaerops*) wiedergefunden, die ich gegenüber dem Naturforschereifer meiner Kinder verteidigt habe, und die vielleicht eine der kraftvollsten Exemplare ihrer Art in Europa ist.

Um diesen kleinen Kreuzgang herum befinden sich die alten Kapellen der Mönche aus dem 15. Jahrhundert. Sie sind sicher verschlossen und der Sakristan öffnet sie niemandem, ein Umstand, der unsere Neugier noch anspornte. Durch die Gitter hindurch spähend vermeinten wir Reste schöner Möbel und alter Skulpturen wahrzunehmen. Vielleicht befinden sich in diesen geheimnisvollen Kammern viele Reichtümer begraben, von denen niemand in Mallorca jemals den Staub abwischen wird.

Der zweite Kreuzgang hat wie die übrigen zwölf Zellen und Kapellen. Seine Bögen offenbaren in ihrem Verfall sehr viel Charakter. Es ist ein Wunder, daß sie noch stehen, und als wir an einem stürmischen Abend unter ihnen hindurchgingen, empfahlen wir unsere Seelen Gott, denn es gab keinen Sturm, der nicht ein Stück Mauer oder einen Teil des Klostergewölbes zu Fall brächte. Nie hatte ich den Wind in solch traurigen Stimmen reden oder so verzweifelte Seufzer ausstoßen hören wie in diesen leeren und hallenden Ruinen. Das Rauschen der Wildbäche, die eilig ziehenden Wolken, das gleichförmige und kräftige Geräusch des Meeres, unterbrochen vom Pfeifen des Windes, die Klagen der erschrockenen Wasservögel, dann große Nebelschwaden, die sich plötzlich wie eine Leinwand senkten und durch die verfallenen Bögen in die Klostergänge eindrangen, uns unsichtbar werden ließen und die Lampe, die wir bei uns trugen, damit sie uns leite, in den Gängen in ein Irrfeuer verwandelten, und viele andere Einzelheiten dieses Klosterlebens, die sich im meiner Erinnerung drängen: all dies machte aus dem Kartäuserkloster den romantischsten Ort der Welt.

Ich war glücklich, einmal in meinem Leben das, was ich nur aus Träumen oder modernen Balladen und aus dem Auftritt der Nonnen in *Robert der Teufel* aus der Oper kannte, in Wirklichkeit und in seinem ganzen Ausmaß zu sehen. Auch an phantastischen Erscheinungen fehlte es uns nicht, wie ich gleich berichten werde, und angesichts dieser ganzen Romantik, die sich mir darbot, wurde ich zu einigen Bemerkungen über die Romantik im allgemeinen veranlaßt. Neben all den Gebäuden, über die ich gesprochen habe, muß noch der Teil erwähnt werden, der für den Abt reserviert war und den wir nicht besichtigen konnten, ebenso wie andere geheimnisvolle Ecken: die Zellen der Laienbrüder, eine kleine Kirche, die zum alten Kloster gehörte und einige andere Bauten, die den bedeutenden Persönlichkeiten vorbehalten waren, die dorthin kamen, um innere Einkehr zu finden oder Sühnegebete zu erfüllen; mehrere kleine Höfe, von Ställen umgeben, in denen das Vieh der klösterlichen Gemeinschaft untergebracht war, Räume für die vielen Besucher, kurzum, eine Lebensgemeinschaft, wie wir heute sagen würden, zur Anrufung der Jungfrau und des heiligen Bruno.

Wenn das Wetter sehr schlecht war und es unmöglich machte, in die Berge zu gehen, machten wir unsere Spaziergänge durch das Kloster, und so hatten wir mehr als genug Zeit, um das riesige Gelände zu erkunden. Ich weiß nicht, welcher Anflug von Neugier mich antrieb, in diesen verlassenen Mauern das innigste Geheimnis des Klosterlebens entdecken zu wollen. Seine Spur war noch so frisch, daß es mir schien, als hörte ich immer noch das Geräusch der Sandalen auf dem Boden und das Murmeln der Gebete unter den Gewölben der Kapellen. In unseren Zellen konnte man noch immer gedruckte und an die Wand geheftete lateinische Gebete lesen, sogar in den verborgensten Verstecken, von denen ich nie gedacht hätte, daß man dort das *Oremos* betete.

Eines Tages, als wir die Idee hatten, auf den oberen Galerien entlangzugehen, erschien vor unseren Augen eine hübsche Empore, von der aus unser Blick auf eine große und herrliche Kapelle fiel, die so schön und ordentlich ausgestattet war, als wäre sie erst am Vorabend verlassen worden. Der Stuhl des Abts befand sich noch an seiner Stelle, und eine Aufstellung der religiösen Exerzitien der Woche hing in einem schwarzen Holzrahmen am mittleren Bogen über dem Chorgestühl.

Auf der Rückseite von jedem Stuhl klebte das Bild eines Heiligen, wahrscheinlich der Schutzheilige eines jeden Mönches. Der Weihrauchgeruch hatte so lange Zeit die Wände durchdrungen, daß er sich noch immer nicht völlig verflüchtigt hatte. Die Altäre waren mit vertrockneten Blumen geschmückt, und die halb abgebrannten Kerzen standen noch in den Kandelabern. Die Ordnung und der gut erhaltene Zustand dieser Dinge stand im Gegensatz zu den Ruinen draußen, zu dem hohen Dornengestrüpp, das sich durch die Fenster rankte, und zu den Stimmen der Kinder, die in den Klostergängen mit Mosaiksteinchen spielten.

Was meine Kinder angeht, so trieb sie die Lust am Wunderbaren bei diesen vergnügten und begeisterten Erkundungen noch mehr an als uns. Meine Tochter vertraute fest darauf, auf dem Speicher des Klosters einen Feenpalast voller wundervoller Dinge zu finden, und mein Sohn hoffte, auf die Spur eines grauenerregenden und einzigartigen Dramas zu stoßen, das sich in den Trümmern verbarg. Es machte mir oft angst, sie wie Katzen über krumme Balken und unsichere Balkone schleichen zu sehen, und wenn sie mir etwas voraus waren und auf einer Wendeltreppe verschwanden, glaubte ich, sie für immer verloren zu haben, und ich beschleunigte meine Schritte mit einiger Furcht, in die sich auch mein Aberglaube mischte.

Denn vergeblich versuchten wir, diesem zu entgehen. Diese unheimlichen Bauten, die einem noch unheimlicheren Kult geweiht sind, wirken auf unsere Phantasie, und ich würde mit den abgeklärtesten und kühlsten Kopf darum wetten, dort für längere Zeit bei klarem Verstand bleiben zu wollen. Diese phantastischen Ängste, wenn man sie so nennen kann, lassen es nicht an einem gewissen Reiz fehlen, aber sie sind wirklich genug, um uns dazu zu zwingen, sie in uns zu bekämpfen. Ich gestehe, daß ich das Kloster nachts nie ohne ein Gefühl der Beklemmung, gepaart mit einem gewissen Vergnügen, durchquert habe, was ich vor meinen Kindern allerdings verborgen hielt, aus Furcht, sie damit anzustecken. Aber sie schienen nicht dazu zu neigen, denn sie liefen bei Mondschein unbekümmert unter diesen verfallenen Gewölben hindurch, die tatsächlich den Eindruck erweckten, daß sie den Hexensabbat einberiefen. Ich habe sie verschiedene Male gegen Mitternacht zum Friedhof begleitet. Aber ich habe sie nachts nicht mehr allein hinausgehen lassen, seit wir einmal auf einen alten, sehr großen Mann stießen, der ohne Unterlaß durch die Dunkelheit spazierte. Es war ein alter Diener oder Besucher des Klosters, dem Wein und Frömmigkeit manchmal den Verstand verrückten. Wenn er im Rausch war, strich er durch die Kreuzgänge und hämmerte mit seinem Wanderstab, an dem ein großer Rosenkranz hing, an die Türen der verlassenen Zellen, rief mit weinseligen Worten nach den Mönchen und betete mit Grabesstimme vor den Kapellen. Wenn er Licht in unserer Zelle sah, näherte er sich unter Drohungen und blasphemischen Flüchen. Er trat bei María Antonia ein, die sich sehr vor ihm fürchtete, um ihr lange Vorträge zu halten, die von zynischen Flüchen unterbrochen wurden, und er ließ sich neben dem Kohlebecken nieder, bis der

Kreuzgang im Kloster (Zeichnung von Charles W. Wood 1886).

Sakristan kam, um ihn mit freundlichen Worten und List dort loszueisen. Der Sakristan war nicht sehr mutig und fürchtete, sich einen Feind zu schaffen. Dann wieder kam der Mann zu ungewöhnlichen Zeiten an unsere Tür, und wenn er lange genug vergeblich nach einem Pater Nicolás gerufen hatte, der seine fixe Idee war, ließ er sich zu Füßen der Jungfrau niederfallen, deren Schrein wenige Schritte von unserer Tür entfernt war, und dann schlief er ein, mit einem geöffneten Messer in der einen Hand und seinem Rosenkranz in der anderen.

Seine Ausbrüche beunruhigten uns nicht allzu sehr, denn er war kein Mann, der die Menschen plötzlich überfiel, und da er seine Ankunft schon von weitem durch seine ununterbrochenen Rufe und das Aufschlagen seines Stockes auf dem Boden ankündigte, war Zeit genug, sich vor diesem wilden Tier in Sicherheit zu bringen. Die doppelte Eichentür unserer Zelle hätte einem sehr viel heftigeren Angriff standgehalten, aber diese Überfälle waren in den Nächten, in denen wir einen geschwächten Kranken hatten, nicht sehr amüsant. Man mußte ihn mit *mucha calma* ertragen, da wir natürlich keine Hilfe von seiten der örtlichen Polizei erwarten durften. Wir gingen nicht zur Messe, und unser Feind war ein frommer Mann, der sich keine entgehen ließ.

Eines Nachts wurden wir von der Erscheinung eines anderen Wesens aufgeschreckt, das ich nie vergessen werde. Anfangs gab es einen unerklärlichen Lärm, vergleichbar mit tausenden Säkken von Nüssen, die ständig über den Fußboden gerollt wurden. Wir gingen rasch auf den Gang, der dunkel wie immer war, aber der ununterbrochene Lärm wurde immer lauter und plötzlich erleuchtete ein schwacher Lichtschimmer die Tiefe der Gewölbe. Immer mehr wurden sie vom Schein verschiedener Fackeln erhellt, und wir sahen zwischen dem roten Dunst, den sie verbreiteten, eine Schar von Wesen auftauchen, abscheulich vor Gott und den Menschen. Es war Luzifer höchstpersönlich, der von seinem ganzen Hofstaat begleitet wurde: ein ganz schwarzer, gehörnter Oberteufel mit blutrotem Gesicht, und um ihn herum eine Gruppe von kleinen Teufeln mit Vogelköpfen, Pferdeschwänzen, bunten Gewändern, und Teufelsweiber oder Hirtinnen mit weißen oder rosafarbenen Kleidern, die aussahen, als seien sie von den bösen Gnomen entführt worden. Nach diesem Bekenntnis muß ich gestehen, daß ich eine oder zwei Minuten und sogar noch einige Zeit länger, nachdem ich begriffen hatte, um was es hier ging, eine ziemliche Willensanstrengung aufbringen mußte, um meine Lampe festzuhalten, die eine so schauerliche Maskerade beleuchtete, der Ort und Stunde sowie das Leuchten der Fackeln ein wahrhaft übernatürliches Aussehen verliehen.

Es waren Leute des Dorfes, reiche Bauern und Kleinbürger, die Karneval feierten und in der Zelle María Antonias ihren Bauerntanz aufführen wollten. Das seltsame Geräusch, das ihren Marsch begleitete, stammte von den Kastagnetten, die die vielen Burschen, die sich hinter schmutzigen und ekelhaften Masken versteckten, schlugen. Der Rhythmus war allerdings nicht exakt und klar, wie er es in Spanien üblicherweise ist, sondern ein kontinuierliches Wirbeln wie bei Kriegstrommeln. Dieses Geräusch, das ihre Tänze begleitet, ist so laut und harsch, daß man sehr viel Mut braucht, um es eine Viertelstunde auszuhalten. Wenn sie ein Fest feiern, unterbrechen sie diese Begleitung häufig, um eine *coplita* auf eine musikalische Sentenz zu singen, die ständig wiederholt wird und so den Eindruck vermittelt, niemals aufzuhören. Dann nehmen die Kastagnetten wieder ihren Trommelwirbel auf, der drei oder vier Minuten dauert. Es gibt nichts Wilderes als diese Art des Vergnügens, bei dem das aufeinanderkrachende Holz die Trommelfelle zerreißt. Das musikalische Stück, an sich wenig beachtenswert, gewinnt seine beachtliche Wirkung erst daraus, daß es in langen Intervallen von Stimmen gesungen wird, die selbst wiederum einen besonderen Charakter haben. Es sind gedämpfte und matte Stimmen selbst im Augenblick größter Intensität und Begeisterung. Ich denke, daß so die Araber sangen, und Monsieur Tastu, der dies untersucht hat, ist überzeugt davon, daß die wichtigsten

Bleistiftzeichnung von Maurice Sand. Aufschrift des Künstlers: Valldemossa 1839 / Mayorque [sic] / Une soirée dansante chez la Maria Antonia. Valldemossa 1839 / Mallorca / Ein Tanzabend im Hause von Maria Antonia.

Rhythmen der Mallorquiner, ihre populärsten Gesänge und ihre Art und Weise zu singen auf die Araber zurückgehen.[17]

Als alle diese Teufel uns erreicht hatten, umringten sie uns sehr nett und herzlich, denn die Mallorquiner haben im allgemeinen nichts Wildes oder Feindseliges in ihrer Art. König Beelzebub erwies mir die Ehre, mich auf spanisch anzusprechen und mir mitzuteilen, daß er Rechtsanwalt sei. Anschließend wollte er mich – um mich zu beeindrucken – auf französisch anreden, und in seiner Frage, ob mir das Kartäuserkloster gefalle, übersetzte er das spanische Wort *cartuxa*[18] mit dem französischen *cartouche* (Kartusche), was allerdings ein kleiner Unterschied ist. Aber der mallorquinische Teufel ist nicht verpflichtet, alle Sprachen zu sprechen.

Ihr Tanz war nicht fröhlicher als ihr Gesang. Wir folgten ihnen zur Zelle María Antonias, die von kleinen Laternen erhellt wurde. Diese hingen an Efeugirlanden, die den ganzen Raum schmückten. Das Orchester, das sich aus einer kleinen und einer großen Gitarre, einer Art Geige und drei oder vier Paar Kastagnetten zusammensetzte, begann die Jotas und Fandangos der Einheimischen zu spielen, die den spanischen ähnelten, obgleich der Rhythmus origineller und die Bewegungen noch schneller sind.

Dieses Fest wurde zu Ehren von Rafael Torres gefeiert, einem reichen Großgrundbesitzer, der sich wenige Tage zuvor mit einem wunderschönen Mädchen verheiratet hatte. Der junge

---

[17] Als wir in einer dunklen, finsteren Nacht, die nur von dem außergewöhnlichen Meeresleuchten im Kielwasser des Dampfers erleuchtet wurde, in dem wir von Barcelona nach Palma fuhren, schliefen alle an Bord außer dem Steuermann, der die ganze Nacht sang, um der Gefahr zu entgehen, ebenfalls einzuschlafen, aber mit so sanfter und leiser Stimme, daß es schien, als habe er Angst, die Besatzung zu wecken, oder als schliefe er gar selbst. Wir konnten ihm gar nicht genug lauschen, denn sein Gesang war sehr schön. Er folgte einem Rhythmus und Tongebilden, die fremd für uns waren, und es schien, als überließe er seine Stimme dem Zufall, wie der Rauch des Dampfers, der vom Wind fortgetragen wird. Mehr als ein Gesang noch war es eine Träumerei, eine Art träges Gehenlassen der Stimme, bei der die Gedanken keine Rolle spielten, das aber dem Schaukeln des Schiffes und dem leisen Geräusch des Kielwassers folgte, während es gleichzeitig eine vage Improvisation zu sein schien, die jedoch in monotone und einfache Formen gebracht war. Diese träumerische Stimme war sehr reizvoll.

[18] Eigentlich mallorquinisch; der spanische Ausdruck lautet *cartuja*.

Gatte war der einzige Mann, der dazu verdammt war, fast die ganze Nacht Wange an Wange mit den Frauen zu tanzen, die er eine nach der anderen aufforderte. Während dieser Duette saß die ganze Gesellschaft ernst und schweigsam in der Manier der Orientalen und Afrikaner auf dem Boden zusammengekauert. Und so verharrte auch der Bürgermeister in seiner Mönchskutte und mit seinem großen schwarzen Stock mit Silberknauf.

Die mallorquinischen Boleros haben die Gravität ihrer Vorfahren, aber nicht diese besondere Anmut der andalusischen. Männer und Frauen tanzen mit ausgebreiteten und unbeweglichen Armen, während die Finger heftig und kontinuierlich die Kastagnetten schlagen. Der schöne Rafael tanzte um seines guten Gewissens willen. Als sein Teil beendet war, setzte er sich zu den anderen, und die Spitzbuben aus der Nachbarschaft nutzten die Gelegenheit, um sich aufzuspielen. Ein junger Bursche mit einer Wespentaille erlangte die Bewunderung aller ob der Genauigkeit seiner Bewegungen und der Sprünge, die galvanischen Reaktionen glichen, ohne daß in seinem Gesicht die kleinste Freude sichtbar geworden wäre. Ein dicker, sehr eitler und eingebildeter Bauer wollte auf spanische Art die Beine ausstrecken und die Arme in die Seite stemmen. Man verhöhnte ihn und er verdiente es auch, denn er gab die lächerlichste Karikatur ab, die man sich vorstellen kann. Dieser ländliche Tanz hätte uns lange Zeit in seinen Bann gezogen, wäre nicht der Geruch nach ranzigem Öl und Knoblauch gewesen, der diesen Damen und Herren anhaftete und uns wirklich die Kehle zuschnürte.

Die Karnevalskleidungen waren für uns weniger interessant als die Trachten der Einheimischen, die sehr anmutig und elegant sind. Die Frauen tragen eine Art weiße Spitzenhaube oder Musselin, *rebozillo* genannt, die aus zwei übereinandergelegten Teilen besteht. Das eine wird ein wenig nach hinten um den Kopf geschlungen und wie ein Nonnenkragen unter dem Kinn entlangeführt. Es wird *rebozillo en amount* genannt. Das andere hängt wie ein Umhang über die Schultern und heißt *rebozillo en*

Valldemossiner Volkstanz mit der Kartause im Hintergrund.

volant. Die Haare sind glatt über der Stirn geteilt und werden zu einem dicken Zopf geflochten, der unter dem *rebozillo* hervorkommt, über den Rücken fällt und zur Seite durch den Gürtel gesteckt wird. Bei der alltäglichen Kleidung hängt das offene Haar nachlässig den Rücken hinunter. Das Mieder aus Merinowolle oder schwarzer Seide ist dekolletiert und hat kurze Ärmel. Es ist unterhalb des Ellbogens und der Rückennähte mit Metallknöpfen verziert, an denen Silberketten hängen, die sehr geschmackvoll und erlesen sind. Die Frauen haben eine feine und zierliche Figur und sehr kleine, an den Festtagen apart beschuhte Füße. Eine einfache Bäuerin trägt Spitzenstrümpfe, Satinschuhe, eine goldene Halskette und viele lange Silberketten um den Oberkörper und die Taille. Ich habe Landfrauen mit sehr wohlgeformten Körpern gesehen, aber ihre Gesichtszüge waren so gewöhnlich wie die der Andalusierinnen, wenn sie auch etwas unbedarfter und sanfter erschienen. Die Frauen aus dem Dorf Sollér, das ich nicht besuchen konnte, stehen im Ruf, besonders schön zu sein.

Die Männer, die ich gesehen habe, waren nicht sehr attraktiv, obwohl sie es infolge der vorteilhaften Tracht, die sie trugen, auf den ersten Blick schienen. Der Sonntagsanzug besteht aus einem Wams (*guarde-pits*) aus bunter Seide, das herzförmig ausgeschnitten und über der Brust weit geöffnet ist, sowie außerdem aus einer schwarzen Jacke (*sayo*), die so kurz und eng anliegend ist wie das Mieder der Frauen. Des weiteren tragen die Männer ein strahlend weißes Hemd, das am Hals und an den Manschetten mit einem bestickten Band geschlossen wird, den Hals freiläßt und den Blick frei gibt auf eine Chemisette aus sehr feinem Leinen, die dem gesamten Anzug ein hinreißendes Aussehen verleiht. Um die Taille tragen sie eine bunte Gürtelschärpe und lange, weite Hosen wie die der Türken, aus gestreifter Seide oder Baumwolle, die im Land hergestellt werden. Zu diesem Anzug tragen sie Strümpfe aus weißem, schwarzem oder blaßgelbem Garn und Schuhe aus ungefärbtem Rindsleder. Der Hut mit seiner breiten Krempe, der aus dem Fell der Wildkatze (*moxina*)

gemacht wird und mit schwarzen Schnüren und Troddeln aus
Seiden- und Goldfäden versehen ist, beeinträchtigt den orientalen Charakter dieses Anzugs. In ihren Häusern bedecken sie den
Kopf mit einem seidenen Tuch oder einem Kattunturban, der
ihnen noch besser steht. Im Winter benutzen sie häufig eine
schwarze Wollmütze, die ihre Tonsur bedeckt, denn die Männer
rasieren sich den Kopf wie die Priester, entweder aus hygieni-
schen Gründen - und das nützt ihnen bei Gott wenig! - oder aus
Frömmigkeit. Ihre kräftigen, buschigen Haare, rauh und gewellt,
umfließen (wie Roßhaar nun einmal fließen kann) ihren Hals.
Ein Schnitt mit der Schere über der Stirn vervollständigt diese
Frisur, die schon im Mittelalter Mode war, und verleiht all diesen Gesichtern einen Ausdruck von Tatkraft.

Auf dem Feld, wo sie nachlässiger gekleidet sind, ist ihre
Tracht in gewisser Weise malerischer. Je nach Jahreszeit tragen
sie die Beine unbedeckt oder bis zum Knie in gelbe Lederga-
maschen gehüllt. Wenn es heiß ist, tragen sie nicht mehr als das
Hemd und die kurzen, weiten Hosen. Im Winter sieht man sie
mit einem Cape bedeckt, das einer Mönchskutte gleicht, oder
mit einem großen Fell der afrikanischen Ziege, dessen Haare
nach außen getragen werden. Wenn sie grüppchenweise auftreten, angetan mit diesen Wildfellen, die einen schwarzen Streifen
auf dem Rücken haben und vom Kopf bis auf den Boden reichen, könnte man sie leicht mit einer Viehherde verwechseln,
die auf Hinterbeinen daherkommt. Fast immer, wenn sie aufs
Feld gehen oder von dort zurückkommen, marschiert einer von
ihnen vorweg und spielt Gitarre oder Flöte, während die anderen ihm schweigend folgen, den Blick voller Unschuld und
Dummheit gesenkt. Es fehlt ihnen jedoch nicht an einer gewissen Raffinesse, und wer sie nach ihrem Aussehen beurteilen
wollte, wäre töricht.

Im allgemeinen sind sie groß, und ihre Kleidung, die sie sehr
schlank macht, läßt sie noch größer erscheinen. Ihr Hals, der
immer der Luft ausgesetzt ist, ist schön und schlank und ihre
Brust, frei von einengenden Westen und Hosenträgern, ist breit

Mallorquiner in typischer Tracht (J. B. Laurens 1839).

und gut gebaut, aber fast alle haben krumme Beine.

Wir hatten den Eindruck, daß die alten Männer und die reiferen Jahrgänge, wenn sie auch nicht gut aussahen, so doch von würdevollem Anblick und noblem Charakter waren. Sie glichen den Mönchen, wie sie sich die Poeten vorstellten. Die junge Generation schien uns gewöhnlich und ungeniert, so als brächen sie mit ihren Vorfahren. Haben die Mönche wirklich erst vor zwanzig Jahren aufgehört, sich in das häusliche Leben einzumischen?

Dies ist nur der Scherz eines Reisenden.

Kapitel II

ICH habe bereits gesagt, daß ich das Geheimnis des Klosterlebens dort entdecken wollte, wo seine Spuren noch am frischesten waren. Damit wollte ich nicht sagen, daß ich hoffte, mysteriöse Dinge über das Kloster aufzudecken, vielmehr bat ich diese verlassenen Mauern, daß sie mir die innersten Gedanken jener schweigenden Eingeschlossenen mitteilten, die sie jahrhundertelang vom menschlichen Leben trennten. Ich wäre gern dem dünnen oder gar gerissenen Faden des christlichen Glaubens in diesen Seelen gefolgt, die jede Generation wie ein Opfer diesem eifersüchtigen Gott dort darbrachte, der wie die heidnischen Götter lebende Opfer forderte. Schließlich hätte es mir gefallen, einen Kartäusermönch aus dem 15. und einen anderen aus dem 19. Jahrhundert wiederzuerwecken, um diese zwei Katholiken, die in ihrem Glauben, ohne es zu wissen, abgrundtief voneinander entfernt waren, miteinander zu vergleichen und beide zu fragen, was sie vom anderen hielten.

Es erschien mir sehr einfach, das Leben des ersteren in meinen Gedanken wahrheitsgetreu zu rekonstruieren. Ich sah diesen Christen des Mittelalters leidenschaftlich, ehrlich, das Herz durch die Schauspiele des Krieges, der Zwietracht und der Leiden seiner Mitmenschen gebrochen, wie er diesen Abgrund der Übel floh und in der asketischen Kontemplation die Einsamkeit und die fast vollständige Trennung von einem Leben suchte, in dem die Perfektion der Massen den Individuen nicht zugänglich war. Aber den Mönch des 19. Jahrhunderts, der vor dem spürbaren und eindeutigen Fortschritt des Menschen die Augen verschloß, der gegenüber dem Leben der anderen Menschen gleichgültig war, der nicht einmal die Religion verstand, noch den Papst, die Kirche, die Gesellschaft oder sich selbst, der in seinem Kloster nichts anderes sah als einen weiträumigen Ort, der sicher und behaglich war, und in seiner Berufung nicht mehr als eine gesicherte Existenz, die Straflosigkeit, die seinen Trieben zugestanden wurde, und eine Möglichkeit, ohne eigenen Verdienst die Willfährigkeit und die Freundlichkeit der Gläubigen, der Frauen und der Bauern, zu erheischen. Ich konnte seine Reue, seine Verblendung, seine Heuchelei oder seine Ehrlichkeit nicht genau einschätzen. Es war unmöglich, daß in diesem Mann ein echter Glaube an die römische Kirche existierte, es sei denn, es mangelte ihm völlig an Intelligenz. Es war auch unmöglich, daß er erklärter Atheist war, denn dann wäre sein ganzes Leben eine einzige, abscheuliche Lüge gewesen, und ich kann mir keinen so dummen oder so gemeinen Menschen vorstellen.

Vor meinen Augen erschien wie eine Hölle dieses Bild seiner inneren Kämpfe, sein Schwanken zwischen Rebellion und Unterwerfung, philosophischen Zweifeln und abergläubischem Grauen, und je mehr ich mich mit diesem letzteren Mönch identifizierte, der vor mir meine Zelle bewohnt hatte, um so schwerer wogen die Ängste und die Unrast, die ich ihm in meiner leicht anzuregenden Phantasie zuschrieb.

Es genügte, einen Blick auf die alten und die neuen Klostergänge zu werfen, um die Entfaltung der anspruchsvoller gewordenen Bedürfnisse für das Wohlgefühl, die Hygiene und sogar die Eleganz zu verfolgen, die sich in das Leben dieser Einsiedler geschlichen hatten, aber auch, um die Lockerung der klösterlichen Sitten, des Geistes der Züchtigung und der Bußfertigkeit zu erkennen. Während alle alten Zellen dunkel, eng und zugig waren, so waren die neuen hell, luftig und gut gebaut.

Ich werde die beschreiben, die wir bewohnt haben, um ein Bild von der Strenge der mönchischen Regeln zu vermitteln, die allerdings bereits weitgehend vernachlässigt worden waren.

Die drei Räume, aus denen sie bestand, waren groß und mit eleganten Bögen versehen. Sie wurden von hinten her von durchbrochenen Rosetten belüftet, die alle unterschiedlich waren und hübsch aussahen. Diese drei Räume waren vom Kreuzgang durch einen dunklen Flur getrennt, der mit einer schweren Eichentür verschlossen wurde. Die Wand war drei Fuß dick. Das mittlere Zimmer diente der Lektüre, dem Gebet und der Meditation. Sein ganzes Mobiliar bestand aus einem großen Betstuhl mit Rückenlehne und einem sechs oder acht Fuß hohen Himmel, der in die Wand eingelassen war. Der Raum rechts von diesem Zimmer war das Schlafzimmer des Mönches. Im hinteren Teil befand sich ein sehr niedriger Alkoven, der wie eine Grabstätte mit Platten belegt war. Das Zimmer auf der Linken war Werkstatt, Refektorium und Speisekammer des Mönches. Hier stand ein Schrank mit einer Holztür, die zum Kreuzgang hin geöffnet wurde und durch die die Nahrungsmittel hereingereicht wurden. Seine Küche bestand aus zwei Öfchen, die außerhalb des Zimmers, aber nicht im Freien standen, wie es die Regeln vorschrieben. Ein zum Garten hin geöffnetes Gewölbe schützte den Mönch während der Zubereitung des Mahls vor Regen und erlaubte ihm, sich länger als vom Ordensgründer vorgesehen dieser Beschäftigung hinzugeben. Zudem ließ ein Kamin im dritten Raum noch weitere Lockerungen der Regeln vermuten, auch wenn das Wissen des Architekten nicht ausgereicht hatte, diese Wärmequelle nutzbar zu machen.

Die ganze Wohnung war im hinteren Teil und auf der Höhe der Rosetten mit einem langen, schmalen und dunklen Schacht versehen, der zur Belüftung der Zelle diente. Darüber befand sich eine Kornkammer zur Aufbewahrung von Mais, Zwiebeln, dicken Bohnen und anderen bescheidenen Wintervorräten. Auf der Südseite der drei Zimmer befand sich ein Garten, der genauso groß war wie die Zelle und durch zehn Fuß hohe Zwischenwände von den Nachbargärten getrennt war. Dieser Garten lag auf einer Terrasse oberhalb eines kleinen Orangenwäldchens, das auf der Terrasse darunter angelegt war. Die darunter liegende Terrasse war mit Weinstöcken bepflanzt, die dritte mit Mandelbäumchen und Palmen, und so weiter bis ins Tal hinunter, das wie ein riesiger Garten wirkte.

Dieser kleine Zellengarten wurde auf seiner rechten Seite in der ganzen Länge von einem steinernen Wasserbehälter eingenommen, der etwa drei bis vier Fuß breit und ebenso lang war und der durch kleine Rohre in der Balustrade der Terrasse mit Bergwasser gespeist wurde. Das Wasser wurde durch ein Steinkreuz, das den Garten in vier gleiche Teile teilte, weitergeleitet. Ich habe niemals verstanden, warum ein derartiger Wasservorrat nötig war, um den Durst einer Person zu stillen, noch diesen Luxus eines Bewässerungssystems für einen Garten von zwanzig Fuß Durchmesser. Wüßte ich nicht von der besonderen Abneigung der Mönche gegen ein Bad und von den mallorquinischen Sitten in dieser Hinsicht, könnte man glauben, daß die guten Kartäuser sich die Zeit mit rituellen Waschungen wie die indischen Priester vertrieben.

Dieser kleine Garten, der voller Granatäpfel-, Zitronen- und Orangenbäume war, den schattige, kleine Wege, die etwas höher gelegt und mit Steinen gepflastert waren, ebenso wie duftende Spaliere umgaben, ähnelte einem herrlichen Salon voller Blumen und Grün, durch den der Mönch, ohne nasse Füße zu bekommen, an feuchten Tagen spazierengehen konnte. An ·heißen Tagen konnte er den Rasen mit fließendem Wasser erfrischen und am Rande einer schönen Terrasse den Duft der Apfelsinenbäume einatmen, deren dichte Kronen eine Kuppel voller Blüten und Früchte bildeten. Er konnte in gänzlicher Ruhe die zugleich strenge und fröhliche, melancholische und großartige Landschaft betrachten, von der schon die Rede war. Schließlich hatte er die Möglichkeit, zur Erbauung seiner Augen dort seltene und erlesene Blumen zu pflanzen, sowie schmackhafte Früchte zu ernten, um seinen Durst zu stillen, dem fernen Rauschen des Meeres zu lauschen, den Glanz der Sommernächte unter einem wunderbaren Himmel zu genießen und im schönsten Tempel, den der Mensch je im Schoße der Natur finden konnte, das Ewige anzubeten. Das schienen mir auf den ersten Blick die erhabenen Freuden des Kartäusers zu sein, und so hatte ich sie mir selbst versprochen, als ich mich in einer dieser Zellen niederließ, die mir geeignet schienen, die wunderbaren Launen der Phantasie oder die Träumereien einer auserwählten Schar von Dichtern oder Künstlern zufriedenzustellen.

Aber wenn man sich die Existenz eines Menschen ohne Intelligenz und folglich ohne Träume und ohne Fähigkeit zur Meditation, vielleicht ohne Glauben, das heißt, ohne Begeisterung und ohne innere Sammlung vorstellt, der in dieser Zelle mit ihren dicken, stummen und tauben Wänden eingeschlossen ist, diese Existenz, den ermattenden Entbehrungen der Ordensregeln unterworfen und verpflichtet, ihre Worte zu erfüllen, ohne ihren Sinn zu begreifen, zu grauenvoller Einsamkeit verdammt, darauf beschränkt, so allein und aus der Ferne von der Höhe der Berge aus die menschliche Rasse zu verstehen, die sich unten im Tal dahinschleppt, für immer den anderen gefangenen Seelen fremd bleibend, die demselben Schweigen ausgeliefert, im selben Grab eingeschlossen sind, immer Nachbarn und doch immer getrennt, selbst im Gebet. Wenn man sich schließlich selbst frei fühlt und als Denkender empfindet, mit einer Sympathie für gewisse Schrecken und Schwächen, dann ist all dies traurig und düster wie ein Leben der Leere, des Irrtums und der Ohnmacht.

Dann versteht man den unermeßlichen Überdruß dieses Mönchs, für den die Natur ihre schönsten Schauspiele geschaffen hat, die er nicht genießt, weil er keinen Freund hat, mit dem er diese Freude teilen könnte. Man versteht die furchtbare Traurigkeit dieses Büßers, der wie ein Tier, wie eine Pflanze nur noch unter Kälte und Hitze leidet, und man begreift die tödliche

Erkaltung dieses Christen, in dem nichts den Geist der Askese anfacht oder wiederbelebt. Dazu verurteilt, allein zu essen, allein zu arbeiten, allein zu leiden und zu beten, kennt er keine andere Notwendigkeit mehr als diese: der grauenvollen Gefangenschaft zu entrinnen. Und man hat mir gesagt, daß die letzten Kartäuser so zwanglos lebten, daß sich einige von ihnen für Wochen und Monate entfernten, ohne daß es dem Prior möglich gewesen wäre, sie zur Rückkehr in den Orden zu bewegen.

Ich bedauere es, eine ausführliche und genaue Beschreibung des Klosters geliefert zu haben, ohne eine annähernde Vorstellung davon gegeben zu haben, wie sehr es uns im ersten Augenblick entzückte und wie sehr es dann in unseren Augen an Poesie verlor, als wir es hinlänglich kannten. Ich habe wie immer meinen Erinnerungen nachgegeben, und nun, da ich meine Eindrücke vermitteln will, frage ich mich, warum ich nicht in zwanzig Zeilen das zusammenfassen konnte, wozu ich zwanzig Seiten gebraucht habe, daß die träge Entspannung des Geistes und alles, was diese hervorruft, einer müden Seele wunderbar vorkommt, daß aber mit dem Nachdenken dieser Zauber verschwindet. Und es liegt daran, daß nur das Genie einen lebendigen und vollkommenen Eindruck mit einem einzigen Pinselstrich wiedergeben kann. Als Lamennais die Kamaldulenser von Tivoli besuchte, hatte er einen Gedanken, dem er auf meisterliche Art folgendermaßen Ausdruck verlieh:

"Wir kamen zur Stunde des Gebets bei ihnen an. Alle schienen uns von recht fortgeschrittenem Alter zu sein und größer als normal. Zu beiden Seiten des Kirchenschiffs verharrten sie nach der Messe knieend und regungslos in tiefer Meditation. Man hätte meinen können, sie seien schon nicht mehr von dieser Welt. Ihr kahler Kopf war von anderen Gedanken und Sorgen gebeugt. Keine Bewegung, kein äußerliches Anzeichen von Leben; und eingewickelt in ihre großen, weiten Umhänge hatten sie etwas von diesen Statuen, die auf alten Gräbern beten.

"Wir können uns die Art der Anziehungskraft genau vorstellen, die diese Existenz für gewisse Seelen hat, die ermüdet sind von der Welt und enttäuscht sind von ihren Illusionen. Wer hat sich nicht einmal ähnliches erhofft? ... Wer hat nicht mehr als einmal seinen Blick auf die Wüste gerichtet und davon geträumt, in einer Ecke des Waldes oder in einer Berggrotte auszuruhen, nahe bei der unbekannten Quelle, wo die Vögel des Himmels ihren Durst löschen?

"Und trotzdem, dies ist nicht das wahre Schicksal des Menschen. Der Mensch ist für die Tat geboren, er hat eine Aufgabe zu erfüllen. Was spielt es für eine Rolle, daß sie schwierig ist? Ist diese Aufgabe nicht vielleicht der Weg zur Liebe?" (*Affaires de Rome*)

Dieser kurze Abschnitt, so voll Bilder, Hoffnungen, Ideen und tiefem Nachdenken, wie zufällig zwischen den Bericht Lamennais' über den Heiligen Stuhl gestreut, hat mich immer erstaunt. Ich bin sicher, daß er eines Tages irgendeinem Maler als Motiv für ein Bild dienen wird. Einerseits die Kamaldulenser im Gebet, unbekannte Mönche, sanftmütig, auf ewig unnütz und ohnmächtig, stille, schemenhafte Gespenster, das letzte Sichtbarwerden eines Kults, der bereit ist, in die Nacht der Vergangenheit einzutreten, auf den Steinen des Grabes knieende Mönche, die so kalt und düster sind wie sie. Andererseits der Mensch der Zukunft, der letzte Priester, wiederbelebt vom letzten Funken des Geistes der Kirche, der über das Schicksal dieser Mönche meditiert, sie als Künstler betrachtet, als Philosoph beurteilt. Hier die Leviten des Todes, unbeweglich unter ihren Grabtüchern. Dort der Apostel des Lebens, ein unermüdlich Reisender in den unendlichen Ebenen des Geistes, der der Poesie des Klosters ein letztes Lebewohl sagt und den Staub der Stadt der Päpste von seinen Füßen schüttelt, um den heiligen Weg der moralischen Freiheit zu betreten.

Ich habe sonst keine weiteren historischen Tatsachen über mein Kloster gesammelt als die aus der Predigt des heiligen Vicente Ferrer aus Valldemossa, und diesen genauen Bericht verdanke ich Monsieur Tastu. Diese Predigt war im Jahre 1443 das große Ereignis auf Mallorca, und es ist interessant zu erfahren, mit welcher Glut ein Missionar zu jener Zeit erwartet und mit welcher Feierlichkeit er empfangen wurde.

"Im Jahr 1409 beschlossen die Mallorquiner bei einer großen Versammlung an Meister Vicente Ferrer oder Ferrier zu schreiben, um ihm den Auftrag zu erteilen, als Prediger nach Mallorca zu kommen. Don Luis de Prades, Bischof von Mallorca, Kardinalstaatssekretär von Papst Benedikt XIII. (der Gegenpapst Pedro de Lunas) war es, der 1412 einen Brief an den Rat von Valencia schrieb, in dem er um die apostolische Hilfe von Meister Vicente bat, den er im darauffolgenden Jahr in Barcelona erwartete, um mit ihm nach Palma zu reisen. Vom Tag nach seiner Ankunft an begann der heilige Missionar zu predigen und ordnete nächtliche Prozessionen an. Auf der Insel herrschte größte Trockenheit, aber nach der dritten Predigt Meister Vicentes begann es zu regnen. Diese Einzelheiten wurden König Ferdinand von seinem königlichen Abgesandten, Don Pedro de Casaldáguila, mitgeteilt:

'Hochverehrter und geschätzter Fürst und Siegreicher Herr: Ich habe die Ehre, Euch zu verkünden, daß am 1. September Meister Vicente in diese Stadt gekommen ist und mit großer Feierlichkeit empfangen wurde. Am Samstagmorgen begann er vor einer großen Menge zu predigen, die ihm mit solcher Frömmigkeit lauschte, daß nun jede Nacht Prozessionen stattfinden, bei denen man Männer, Frauen und Kinder sieht, die sich geißeln. Und da es so lange Zeit nicht geregnet hat, hat Gott, unser Herr, von den Gebeten der Kinder und des Volkes erbarmt, gewollt, daß dieses Reich, das unter der Trockenheit litt, bei der dritten Predigt reichlich Regen auf der ganzen Insel fallen sehe, was seine Bewohner beglückt hat.

'Möge Gott, unser Herr, Euch viele Jahre lang schützen, Allersiegreichster Herr, und Eure königliche Krone segnen.

Mallorca, den 11. September 1413.'

"Die Menge, die den heiligen Missionar hören wollte, wurde immer größer, so daß sie in der Kirche des Klosters Santo

Domingo keinen Platz mehr fand und es notwendig wurde, den riesigen Garten zu öffnen, Holztribünen zu errichten und Mauern niederzureißen.

"Bis zum 3. Oktober predigte Vicente Ferrer in Palma, von wo aus er die Insel bereiste. Zuerst machte er in Valldemossa halt, wo er im Kloster empfangen und beherbergt wurde, und das er sicherlich ausgewählt hatte, weil sein Bruder Bonifazius General des Kartäuserordens war. Der Prior des Klosters war nach Palma gefahren, um ihn abzuholen und begleitete ihn. In Valldemossa, mehr noch als in Palma, war die Kirche viel zu klein, um die erwartungsfrohe Menge aufnehmen zu können. Folgendes Berichten die Chronisten:

"Die Stadt Valldemossa erinnert sich an die Zeit, da der Heilige Vicente Ferrer dort das göttliche Wort säte. Am Ende des selbigen Ortes befindet sich ein Anwesen, *Son Gaul* genannt. Dorthin begab sich der Missionar, gefolgt von einer riesigen Menge. Das Gelände war groß und eben; der hohe Stamm eines uralten und dicken Olivenbaumes diente ihm als Kanzel. Während der Heilige von der Höhe des Olivenbaumes aus predigte, begann es stark zu regnen. Der Teufel, der Winde, Blitz und Donner hervorbringt, schien die Zuhörer dazu zwingen zu wollen, den Platz zu verlassen, um Schutz zu suchen, was auch einige von ihnen bereits taten, als Vicente ihnen befahl, sich nicht von der Stelle zu rühren. Er begann zu beten und im selben Augenblick breitete sich eine Wolke wie ein Himmel über ihn und die, die ihm lauschten, während die, die auf den Feldern geblieben waren, um zu arbeiten, sich gezwungen sahen, ihre Arbeit ruhen zu lassen.

"Der alte Baumstamm existierte vor einem Jahrhundert noch, denn unsere Vorfahren hatten ihn gottesfürchtig am Leben erhalten. Später, als die Erben von *Son Gaul* sich nicht mehr um diesen heiligen Gegenstand kümmerten, erlosch die Erinnerung daran. Aber Gott wollte nicht, daß die weltliche Kanzel des heiligen Vicente für immer verlorenging. Einige Angestellte des Anwesens wollten Holz für ein Feuer schlagen, und als sie den Olivenbaum sahen, versuchten sie, ihn zu zerhauen, aber bei den ersten Schlägen spalteten sich die Werkzeuge, und als die Nachricht zu den Alten gelangte, glaubten sie an ein Wunder, und der heilige Olivenbaum blieb unversehrt. Später zerbarst der Baum in vierunddreißig Teile, und obwohl sie nahe bei der Stadt lagen, wagte es niemand, sie anzurühren, und sie wurden wie eine Reliquie verehrt.

"Der heilige Missionar jedoch setzte seinen Weg fort und betete selbst in den kleinsten Dörfern und heilte die Körper und Seelen der Leidenden. Das Wasser aus einer Quelle in der Nähe Valldemossas war das einzige Heilmittel, das der Heilige verordnete. Diese Quelle trägt daher immer noch den Namen *Sa bassa Ferrera.*

"Der heilige Vicente blieb sechs Monate auf der Insel, von der ihn Ferdinand, der König von Aragón, abberief, damit er ihm helfe, die Kirchenspaltung, die den Westen tief beunruhigte, zu beenden. Der heilige Missionar verabschiedete sich von den Mallorquinern mit einer Predigt, die er am 22. Februar 1414 in der Kathedrale zu Palma hielt, und nachdem er die Zuhörer gesegnet hatte, ging er zum Schiff, begleitet von den Räten, dem Adel und der Menge. Er hat viele Wunder vollbracht, wie die Chronisten berichten und wie die Überlieferung sie auf den Balearen bis in unsere Tage erzählt."

Diese Erzählung, die Fräulein Fanny Eissler zum Lachen bringen würde, veranlaßt Monsieur Tastu zu einer Bemerkung, die in zweierlei Hinsicht interessant ist: erstens, weil in ihr eines der Wunder des heiligen Vicente einfach erklärt wird; und zweitens, weil sie eine bedeutsame Tatsache in der Geschichte Spaniens bestätigt. Man lese die Notiz:

"Vicente Ferrer schrieb seine Reden auf Latein und hielt sie in der Sprache der Limosinen. Man hat diese Fähigkeit des Missionars, die es ihm möglich machte, daß er von seinen Zuhörern verstanden wurde, obwohl er in einer fremden Sprache redete, für ein Wunder gehalten. Es gibt jedoch nichts Selbstverständlicheres, wenn man bedenkt, in welcher Zeit Meister Vicente wirkte. In jener Epoche war die romanische Sprache in den drei großen Gebieten im Norden, in der Mitte und im Süden, abgesehen von kleinen Unterschieden, die gleiche. Die Menschen des Volkes und die Literaten verstanden sich sehr gut. Meister Vicente war erfolgreich in England, Schottland, Irland, Paris, der Bretagne, Italien, Spanien und auf den Baleareninseln. Und das liegt daran, daß in all diesen Ländern die romanische Sprache, wenn auch nicht überall gesprochen, so doch verstanden wurde, diese Sprache, die mit dem Valencianischen, der Muttersprache Vicente Ferrers, verschwestert, verwandt oder verbunden ist."

Überdies war dieser berühmte Missionar ein Zeitgenosse des Dichters Chaucer, von Jean Froissart, Cristine de Pisan, Boccaccio, Ausias March und so vielen anderen Berühmtheiten Europas.[19]

---

[19]   Die Balearenvölker sprechen die alte romanisch-limosinische Sprache, die Monsieur Raynouard ohne Prüfung und ohne Unterscheidung der provençalischen Sprache zugeordnet hat. Von allen romanischen Sprachen ist die Mallorquinische den wenigsten Veränderungen unterworfen gewesen, da sie sich auf die Inseln konzentrierte und frei von äußeren Einflüssen war. Die Sprache des Languedoc, der so anmutige Akzent, der in Montpellier und Umgebung gesprochen wird, ist auch heute noch in ihrem Niedergang dem alten und dem modernen Mallorquinisch am ähnlichsten. Dies wird mit den häufigen Reisen erklärt, die die Könige von Aragón mit ihrem Hofstaat nach Montpellier unternahmen. Pedro II., der im Kampf gegen Simón de Monfort in Muret fiel (1213), hatte María, die Tochter des Grafen von Montpellier geheiratet, und aus dieser Ehe ging Jaime I. hervor, genannt *El Conquistador*, der in dieser Stadt geboren wurde und die ersten Jahre seiner Kindheit dort verbrachte.

Eines der Wesensmerkmale, das die mallorquinische Sprache von den anderen romanischen Dialekten des Languedoc unterscheidet, sind die Artikel in seiner Volksgrammatik, die sich - wohlgemerkt - zum größten Teil in der Volkssprache einiger Orte auf der Insel Sardinien wiederfinden. Unabhängig von den Artikeln *lo*, dem maskulinen *el* und dem femininen *la*, hat das Mallorquinische noch die folgenden:

Maskulinum, Singular: *so*, er; *sos*, sie, im Plural.

Femininum, Singular: *sa*, sie; *sas*, sie, im Plural.

Maskulinum und Femininum, Singular: *es*, er; *els*, sie, im Plural.

Maskulinum, Singular: *en*, er; *na*, sie, Femininum; *nas*, sie, im femininen Plural.

Es muß angemerkt werden, daß diese Artikel, auch wenn sie seit alters her gebraucht wurden, nie in den Dokumenten auftauchen, die aus der Zeit der Eroberung der Balearen durch die Aragonesen stammen. Das heißt, auf diesen Inseln, wie auch in italienischen Gegenden, spricht man zwei Sprachen gleichzeitig: die Volkssprache, *plebea*, die das Volk spricht (und die sich wenig geändert hat) und die akademisch-

literarische Sprache, *aulica ilustra*, die die Zeit, die Zivilisation oder das Genie bereinig-
ten und vervollkommneten. So ist heute Kastilisch die Amtssprache Spaniens und trotzdem hat jede Provinz für den täglichen Gebrauch ihren besonderen Dialekt bewahrt. Auf
Mallorca wird Kastilisch nur für offizielle Anlässen verwendet, im täglichen Leben hört
man beim Volk ebenso wie bei den großen Herren nur mallorquinisch. Wenn Sie an
einem Balkon vorbei gehen, auf dem ein Mädchen, eine *atlota* (aus dem arabischen *aila*,
leila), die Blumen gießt, hören Sie sie in ihrer sanften Heimatsprache singen:

Sas atlotes, tots es diumenges
Quan no tenen res mes que fer,
Van à regar es claveller
Dihent-li: Beu! Já que no menjes!

(Die jungen Mädchen, an jedem Sonntag,
Wenn sie nichts Besseres zu tun haben,
Gießen ihre Nelken,
Und sagen ihnen: Trink, wenn Du schon nicht ißt!)

Die Musik, die die Worte des jungen Mädchens begleitet, hat einen maurischen
Rhythmus und sie erklingt in einem gleichmäßigen traurigen Ton, der Sie durchströmt
und träumen läßt. Die vorausblickende Mutter jedoch, die der Tochter zugehört hat,
antwortet meist:

Atlotes, filau! filau!
Que se camya se ríu;
Y sino l'apadassau,
No v's arribar 'à s'estiu!

(Mädchen, spinnt!, spinnt!
Das Hemd zerreißt
Und wenn ihr es nicht flickt,
Wird es nicht bis zum Sommer halten!)

Das Mallorquinische, besonders wenn es die Frauen sprechen, klingt für Fremde
besonders sanft und anmutig. Wenn Ihnen eine Mallorquinerin die so süß melodischen
Abschiedsworte sagt: *"Bona nit tenga. Es meu cô no basta per dir-li: Adio!s"* ("Gute Nacht.
Meinem Herzen genügt es nicht, Ihnen Lebewohl zu sagen!"), scheint es, als könne eine
Kantilene diese Worte musikalisch untermalen.
Nach diesen Beispielen aus der mallorquinischen Volkssprache erlaube ich mir,
eines aus der alten akademischen Sprache zu zitieren: Es ist der *Mercador mallorquí* (der
mallorquinische Kaufmann), ein Troubadour aus dem 14. Jahrhundert, der die Unnach-
giebigkeit seiner Dame besingt und sich folgendermaßen von ihr verabschiedet:

Cercats d'uy may jà siats bella e pros,
'quels vostres pres, e laus, e ris plesents,
Car vengut es lo temps que m'auets mens.
No m'aucirà vostre 'sguard amoros,
No la sembança gaya;

Car trobat n'ay
Altra qui m'play
Sol qui lui playa!
Altra, sens vos, per que l'in volray be.
E tindr' en car s'amor, que 'xi s'conve.

(Sucht von nun an, obwohl Ihr schön und edel seid,
diese Verdienste, dieses Lob, dieses bezaubernde Lächeln, die nur für Euch waren,
denn es ist die Zeit gekommen, wo Ihr mich nicht mehr in Eurer Nähe habt.
Euer Liebesblick wird mich nicht mehr töten können,
auch nicht Eure falsche Freude;
denn ich habe eine andere gefunden,
die mir gefällt.
Könnte ich nur auch ihr gefallen!
Eine andere, nicht Euch,
das danke ich ihr,
deren Liebe mir teuer sein wird,
so muß ich handeln).

Die Mallorquiner sind, wie alle südlichen Völker, Musiker und Dichter, oder, wie
ihre Vorfahren es nannten, Troubadoure, *trobadors,* was wir mit "Improvisatoren" über-
setzen könnten. Die Insel Mallorca hat sogar einige hervorgebracht, die zu Recht hohes
Ansehen erlangt haben. Unter ihnen sind zwei, die in Sollér leben. An diese *trobadors*
wenden sich die glücklich oder unglücklich Verliebten, und gegen ein paar Münzen und
mit den Angaben, die man ihnen gemacht hat, ausgestattet, stellen sie sich zu fort-
geschrittener nächtlicher Stunde unter die Balkone der Mädchen und singen die impro-
visierten *coblas* als Lob oder Klage und manchmal sogar als Schmähung, die ihnen jene,
die den musikalischen Dichter bezahlen, auftragen. Die Fremden können sich diesem
Vergnügen auf Mallorca hingeben, das dort im allgemeinen keine Folgen hat. (Notizen
des Monsieur Tastu).

Kapitel III

I CH halte es nicht für angebracht, in meinem Bericht fortzu-
fahren, ohne die frommen Annalen von Valldemossa noch
weiter durchzublättern, denn wenn ich von der fanatischen
Frömmigkeit der Dorfbewohner sprechen soll, mit denen wir zu
tun hatten, muß ich auch die Heilige erwähnen, auf die sie so
stolz sind und deren Bauernhaus sie uns zeigten.

"Valldemossa ist auch die Heimat von Catalinà Tomás, die
1792 von Papst Pius VI. heiliggesprochen wurde. Das Leben
dieser Heiligen ist oft beschrieben worden, so auch kürzlich erst
von Kardinal Antonio Despuig. Es ist gekennzeichnet von einer
anmutigen Naivität. Die Legende erzählt, daß sie, die Gott als
seine Dienerin mit frühreifer Klugheit ausgezeichnet hatte,
schon lange vor dem von der Kirche geforderten Alter die Fa-
stentage streng einhielt. Von jungen Jahren an aß sie nicht mehr
als ein Mahl am Tag. Ihre Demut vor den Leiden des Erlösers
und der Schmerzen seiner heiligen Mutter war so groß, daß sie
auf ihren Spaziergängen fortdauernd den Rosenkranz betete,
wobei sie sich, um die Gesätze zu zählen, der Blätter der Olivenbäume oder von Sträuchern bediente. Ihre Neigung zur
Zurückgezogenheit und zu religiösen Exerzitien trugen ihr den
Beinamen *la viejecita*, die kleine Alte, ein. Aber ihre Einsamkeit
und ihre Enthaltsamkeit wurden durch den Besuch der Engel
und der gesamten himmlischen Heerscharen belohnt: Jesus

Christus, seine Mutter und die Heiligen wurden zu ihren Dienern. Maria stand ihr bei Krankheiten bei; der heilige Bruno hob sie auf, wenn sie fiel; der heilige Antonius begleitete sie in der Dunkelheit der Nacht, trug ihr den Krug und füllte ihn im Brunnen; die heilige Katharina, ihre Schutzpatronin, pflegte ihr Haar und half ihr in allem wie eine fürsorgliche und wachsame Mutter; der heilige Kosmus und der heilige Damian heilten die Wunden, die sie beim Ringen mit dem Teufel davontrug, denn ihre Siege erfocht sie nicht ohne Kampf; und schließlich waren der heilige Peter und der heilige Paul an ihrer Seite, um ihr bei allen Versuchungen beizustehen und sie vor ihnen zu bewahren.

"Sie trat dem Orden des heiligen Antonius im Kloster der heiligen Magdalena zu Palma bei und wurde ein Vorbild für die Büßer, und, wie es die Kirche in ihren Gebeten besingt, war sie gehorsam, arm, keusch und bescheiden. Die Geschichtsschreiber behaupten von ihr, sie habe einen prophetischen Geist besessen und die Gabe, Wunder zu tun. Sie berichten, daß in jener Zeit, in der auf Mallorca öffentlich für die Gesundheit Papst Pius V. gebetet wurde, Catalina diese Gebete plötzlich unterbrach, um kundzutun, daß sie nicht mehr notwendig seien, da der Pontifex soeben die Welt verlassen habe, was sich als wahr erwies.

"Sie starb am 5. April 1574 mit den Worten des Psalms 'Herr, ich befehle meinen Geist in Deine Hände'.

"Ihr Tod wurde als ein großer öffentlicher Verlust betrachtet und man bestattete sie mit allen Ehren. Eine fromme Dame aus Mallorca, Doña Juana de Pochs, ließ den Sarg aus Holz, in dem die Heilige ruhte, gegen einen anderen aus herrlichem Alabaster eintauschen, der in Genua hergestellt worden war, und außerdem wies sie in ihrem Testament an, daß am Tag der Überführung der Seligen und am Namenstag der Heiligen Katharina, ihrer Schutzpatronin, jeweils eine Messe gelesen werde. Auch wünschte sie, daß ein ewiges Licht über ihrem Grab brenne.

"Der Körper dieses heiligen Kindes wird heute im Nonnenkloster der Gemeinde Santa Eulalia aufbewahrt, wo Kardinal

Despuig ihr einen Altar und einen Gottesdienst geweiht hat."
(*Notizen des Monsieur Tastu*)

Ich habe diese kleine Legende gerne hier wiedergegeben, denn es ist auf gar keinen Fall meine Absicht, die wahre und aufrichtige Heiligkeit glühender Seelen zu bestreiten. Auch wenn die Begeisterung und die Visionen der kleinen Dörflerin aus Valldemossa nicht den gleichen religiösen Sinn und dieselbe philosophische Bedeutung haben wie die Erleuchtungen und die Ekstasen der Heiligen aus der guten alten Zeit des Christentums, so ist *la viejecita Tomasa* doch eine Cousine der poetischen Hirtin, der heiligen Genoveva, und der erhabenen Jeanne d'Arc.

Zu keinem Zeitpunkt hat die römische Kirche es unterlassen, den einfachsten Kindern des Volkes Ehrenplätze im Königreich des Himmels zuzuweisen, aber es ist ohne Zweifel eine Zeit gekommen, wo sie jene Apostel verurteilt und zurückweist, die den Platz des Volkes im Reich der Erde vergößern wollen. Die *pagesa* Catalina war gehorsam, arm, keusch und demütig; doch die Bauern aus Valldemossa haben sich dieses Beispiels so wenig zu Herzen genommen und ihr Leben so wenig verstanden, daß sie eines Tages meine Kinder steinigen wollten, weil mein Sohn die Klosterruinen zeichnete, was sie als Entweihung ansahen. Sie verhielten sich wie die Kirche, die mit einer Hand die Scheiterhaufen für die Ketzer anzündete und mit der anderen die Bildnisse ihrer Heiligen und Wohltäter beweihräucherte.

Das Dorf Valldemossa, das sich seit der Zeit der Araber stolz als Stadt bezeichnet,[20] liegt in einer Berghalde, auf gleicher Höhe wie das Kartäuserkloster, dessen Anhängsel es zu sein scheint. Es erweckt den Eindruck eines Haufens von Möwennestern; es befindet sich an einer fast unzugänglichen Stelle, und seine Bewohner sind zum größten Teil Fischer, die am Morgen auf das Meer hinausfahren und nicht vor Einbruch der Nacht

---

[20] Die Araber nannten es Villa-Avente, ein römischer Name, den der Ort offensichtlich von den Pisanern oder Genuesen erhalten hatte. (Monsieur Tastu).

zurückkommen. Tagsüber ist das Dorf voller Frauen, den geschwätzigsten der Welt, die man in den Türen ihrer Häuser sitzen sieht, wo sie damit beschäftigt sind, die Netze zu flicken oder die Socken ihrer Männer zu stopfen, während sie unermüdlich dabei singen. Sie sind so fromm wie ihre Männer, aber ihre Frömmigkeit ist weniger intolerant, weil sie vielleicht ehrlicher ist. Darin sind sie dort wie überall dem anderen Geschlecht überlegen. Im allgemeinen ist die Frömmigkeit dieser Frauen in der Ausübung der Religion eine Sache der Begeisterung, der Gewohnheit oder der Überzeugung, während sie bei den Männern fast immer auf Ehrgeiz und Zweckdienlichkeit beruht. Einen ziemlich deutlichen Beweis hat Frankreich während der Herrschaft Ludwigs XVIII. und Karls X. geliefert, als die großen und kleinen Regierungsämter mit einem Beichtschein oder einem Gang zur Messe erkauft wurden.

Das Wohlwollen der Mallorquiner den Mönchen gegenüber gründet auf Habsucht, und ich kann das nicht besser verdeutlichen als mit der Meinung von Monsieur Marlianis, die um so glaubwürdiger ist, da die Geschichtsschreiber des heutigen Spaniens mit der Maßnahme von 1836, als die Mönche gewaltsam vertrieben wurden, im allgemeinen nicht einverstanden sind:

"Als wohlgesinnte Besitzer," sagt er, "die an ihrem Vermögen wenig interessiert waren, hatten sie zwischen sich und den Dörflern reelle Interessen geschaffen. Die Bauern, die auf den Klostergütern arbeiteten, gingen keine großen Risiken ein, was die Höhe und Regelmäßigkeit der Zahlungen für ihre Leistungen anging. Die Mönche, ohne irdische Zukunft, sparten nicht, und von dem Augenblick an, da das, was sie besaßen, ausreichte, um die Mindestbedürfnisse eines jeden zu befriedigen, erwiesen sie sich mit allem Übriggebliebenen als sehr großzügig. Die brutale Vertreibung der Mönche schadete also der Rechnung der Faulenzer und dem Egoismus der Bauern, die sofort verstanden, daß die Regierung und der neue Besitzer mehr von ihnen verlangen würden als eine parasitäre Gemeinschaft ohne Familien- oder gesellschaftliche Interessen. Die Bettler, die sich an den

Türen des Refektoriums drängelten, erhielten nicht einmal mehr die Überreste der Speisen."

Der Karlismus der mallorquinischen Bauern kann nur mit materiellen Gründen erklärt werden, denn es ist im übrigen unmöglich, eine Provinz zu finden, die mit einem geringeren patriotischen Empfinden an Spanien hing, noch eine Bevölkerung, die sich noch weniger für das politische Geschehen interessierte. Trotz der insgeheimen Zustimmung zur Wiederherstellung der alten Sitten hörten sie doch nicht auf, vor jeder Reform zu zittern, wie auch immer diese aussah, und der Alarm, der die Insel in der Zeit, als wir uns dort aufhielten, in Belagerungszustand versetzt hatte, erschreckte sowohl die Anhänger des Don Carlos auf Mallorca als auch die Anhänger Königin Isabellas. Dieser Alarm ist hervorragend dazu geeignet, ich will nicht sagen, die Feigheit der Mallorquiner (ich halte sie für fähig, gute Soldaten abzugeben), aber doch die Sorge, die aus der Angst um den Besitz und aus dem Egoismus des Müßiggangs entsteht, zu veranschaulichen.

Ein alter Priester träumte eines Nachts, daß sein Haus von Gaunern überfallen werde. Er erhob sich erschreckt; unter dem Eindruck dieses Alptraums weckte er seine Dienerin. Diese wurde von seinem Entsetzen angesteckt und weckte, ohne eigentlich zu wissen, worum es ging, die ganze Nachbarschaft mit ihrem Geschrei auf. Die Furcht breitete sich im ganzen Dorf aus, und, was noch schlimmer war, auf der ganzen Insel. Rasch verbreitete sich das Gerücht von der Ankunft der Karlistenarmee, und der Generalkapitän empfing die Erklärung des Priesters, der, sei es aus Scham, sein Wort zurücknehmen zu müssen, sei es im Wahnzustand eines verwirrten Geistes, bestätigte, die Karlisten gesehen zu haben. In Palma wurde der Belagerungszustand ausgerufen... Und alle Streitkräfte auf der Insel wurden mobilisiert.

Aber es geschah nichts. Kein Dornbusch erzitterte, keine Spur eines Fremden, wie etwa auf der Insel Robinsons, war im Sand des Strandes zu finden. Die Regierung bestrafte den Priester, weil er sie lächerlich gemacht hatte, und antstatt ihn für einen Propheten zu erklären, sperrte sie ihn als einen Aufrührer ein. Dennoch wurden die Vorsichtsmaßnahmen nicht widerrufen, und als wir Mallorca zur Zeit der Hinrichtungen von Maroto verließen, galt immer noch der Belagerungszustand.

Es gibt nichts Merkwürdigeres als die Geheimnistuerei, mit der die Mallorquiner die Ereignisse bedachten, die damals ganz Spanien aufwühlten. Niemand sprach darüber, es sei denn, in seiner Familie und ganz leise. In einem Land, in dem es weder Bosheit noch Tyrannei wirklich gibt, ist es unvorstellbar, ein so finsteres Mißtrauen herrschen zu sehen. Ich habe nichts Vergnüglicheres als die Artikel in der Tageszeitung von Palma gelesen, und ich habe es immer bedauert, nicht einige Exemplare als Beispiel dieser mallorquinischen Polemik mitgebracht zu haben. Aber hier folgt, ohne Übertreibung, ein Beispiel für die Art und Weise, in der, nach der Schilderung der Tatsachen, deren Sinn und Authentizität kommentiert wurden:

"Wie gut bewiesen diese Ereignisse auch erscheinen mögen in den Augen derer, die sie für möglich halten, so können wir unseren Lesern doch nicht genug empfehlen, die Folgezeit abzuwarten, ehe sie sich ein Urteil darüber fällen. Die Gedanken, die sich dem Geist angesichts solcher Taten aufdrängen, bedürfen in Erwartung einer Gewißheit, die wir nicht bezweifeln möchten, der reiflichen Überlegung. Aber wir wollen keineswegs überstürzt leichtfertige Behauptungen aufstellen. Das Schicksal Spaniens ist von einem Schleier umhüllt, der bald gelüftet werden wird, aber an den niemand vor der Zeit Hand anlegen darf. Bis dahin werden wir uns mit unserer Meinung zurückhalten, und wir raten allen klugen Köpfen, daß sie sich zu den Handlungen der verschiedenen Parteien nicht äußern, solange die Lage sich nicht deutlich genug abzeichnet, etc., etc."

Vorsicht und Zurückhaltung sind nach der Ansicht der Mallorquiner ihre ausgeprägtesten Charaktereigenschaften. Die Bauern begegnen Ihnen niemals ohne einen Gruß, aber wenn Sie eine Unterhaltung beginnen wollen, ohne daß sie Sie kennen, dann halten sie sich mit ihren Antworten sehr zurück, auch wenn Sie sie in ihrer eigenen Sprache ansprechen. Es genügt, wie ein Fremder auszusehen, damit sie Sie fürchten und Ihnen aus dem Weg gehen.

Auf jeden Fall hätten wir in Frieden mit diesen guten Leuten leben können, wenn wir uns in der Kirche hätten blicken lassen. Sie hätten zwar niemals aufgehört, über uns zu tuscheln, aber wir hätten über ihre Felder laufen können, ohne uns der Gefahr auszusetzen, hinter irgendeiner Eiche einen Stein auf den Kopf zu bekommen. Leider kam uns diese Verhaltensmaßnahme nicht von Anbeginn in den Sinn, und wir kamen bis fast ans Ende unseres Aufenthaltes nicht darauf, wie sehr unsere Art sie befremdete. Sie bezeichneten uns als Heiden, Mohammedaner und Juden, was ihrer Ansicht nach ohne Zweifel das Verächtlichste ist. Der Bürgermeister wies vor seinen Untertanen mißbilligend auf uns hin; ich weiß nicht, ob uns der Priester gar zum Gegenstand seiner Predigten machte. Die Bluse und die Hose meiner Tochter empfanden sie als großen Skandal, und in ihren Augen war es außerordentlich anstößig, daß *ein junges Ding von neun Jahren als Mann verkleidet* in den Bergen herumlief. Und es waren nicht nur die Dorfbewohner, die eine solche Prüderie an den Tag legten.

Das Horn, das sonntags im Dorf und auf den Wegen ertönte, um die Nachzügler, die zur Messe kamen, zu mahnen, verfolgte uns im Kartäuserkloster vergeblich. Wir waren taub, weil wir es nicht verstanden, und als wir es begriffen, stellten wir uns noch tauber. Da entdeckten sie ein Mittel, um die Ehre Gottes zu rächen, ein Mittel, das nicht gerade christlich war. Sie verschworen sich untereinander, uns weder Fisch, Eier noch Gemüse zu verkaufen, außer zu Wucherpreisen. Es war uns nicht erlaubt, nach einer Preisliste zu fragen. Bei der geringsten Bemerkung antwortete uns der Bauer mit der Miene eines spanischen Grande, "Sie wollen nicht? Nun, dann brauchen Sie auch nicht!", schüttete seine Kartoffeln oder Zwiebeln in den Sack zurück und ging majestätisch davon, ohne daß es möglich gewesen wäre, guten Willens zu einem Einvernehmen zu gelangen. Er ließ uns hungern zur Strafe dafür, daß wir gefeilscht hatten.

Und wir mußten tatsächlich fasten. Es gab keine Konkurrenz unter den Verkäufern und so auch keine Preissenkung. Der zweite, der kam, erbat das Doppelte, und der Dritte verlangte das Dreifache, so daß wir ihnen ausgeliefert waren und ein Einsiedlerleben führten, das kostspieliger war als das Leben eines Fürsten in Paris.

Wir hatten die Möglichkeit, in Palma durch den Koch des Konsuls Lebensmittel zu beziehen; er war unser guter Engel, und wäre ich ein römischer Kaiser, würde ich seine Mütze unter die Gestirne aufnehmen. Aber an regnerischen Tagen wollte sich kein Reisender für alles Gold der Erde auf den Weg wagen, und da es zwei Monate lang regnete, hatten wir häufig Brot, das so hart war wie Schiffszwieback, und wahrliche Kartäusermahlzeiten.

Dieses wäre ein unbedeutender Ärger gewesen, wenn wir alle bei guter Gesundheit gewesen wären. Ich selbst bin, was die Mahlzeiten betrifft, von Natur aus recht zurückhaltend und spartanisch. Der ausgezeichnete Appetit meiner Kinder ließ aus allem eine leckere Speise werden und machte eine grüne Zitrone zu einem außerordentlichen Vergnügen. Mein Sohn, den ich krank und schwach mitgenommen hatte, kehrte wie ein Wunder wieder zum Leben zurück und erholte sich von einem sehr schweren Rheumaanfall, indem er früh morgens wie ein Hase und durchnäßt bis auf die Haut durch die Wälder der Berge lief. Die Vorsehung erlaubte es Mutter Natur, ein derartiges Wunder an ihm zu vollbringen. Mit einem Kranken hatten wir schon genug zu tun.

Aber der andere, dessen Gesundheitszustand angesichts der feuchten Luft und der Entbehrungen weit davon entfernt war, sich zu bessern, litt zusehends. Obwohl er von der gesamten Ärzteschaft Palmas bereits aufgegeben worden war, hatte er keine chronischen Schmerzen. Aber der Mangel an stärkenden

Mitteln hatte ihn nach einer Erkältung in einen solchen Schwächezustand versetzt, daß er ihn nicht überwinden konnte. Er ergab sich seinem Schicksal, aber wir konnten nicht mit ihm resignieren. Und zum ersten Mal lernte ich großen Kummer wegen kleiner Widrigkeiten kennen: die Wut wegen einer zu scharfen Suppe oder weil das Dienstmädchen daran genascht hatte; das Bangen um frisches Brot, das nicht ankam oder das zu einem Schwamm geworden war, weil es auf dem Rücken eines Maultieres einen Wildbach durchquert hatte. Ich erinnere mich wirklich nicht daran, was ich in Pisa oder in Triest gegessen habe, aber selbst wenn ich hundert Jahre alt würde, werde ich nie die Ankunft des Proviantkorbes im Kloster vergessen. Was hätte ich nicht darum gegeben, unserem Kranken jeden Tag eine Tasse Suppe und ein Glas Bordeaux anbieten zu können! Die mallorquinischen Nahrungsmittel und vor allem die Art, wie sie gewürzt waren, verursachten in ihm einen unüberwindbaren Ekel. Soll ich anführen, bis zu welchem Grade dieser Widerwille begründet war? ... Eines Tages, als man uns ein mageres Hühnchen servierte, sahen wir, wie sich auf seinem dampfenden Rücken riesige *maîtres*, Flöhe, tummelten, aus denen Hoffmann ein paar andere böse Geister gemacht hätte, die er aber sicher nicht mit Soße gegessen hätte. Meine Kinder brachen in solch albernes Gelächter aus, daß die fast unter den Tisch gefallen wären.

Die Grundlage der mallorquinischen Küche ist zweifelsohne das Schwein, in allen Arten und Ausführungen. Hier paßte der Spruch vom kleinen Savoyarden, der sein Speiselokal lobte und voller Stolz erzählte, daß man dort fünf Sorten Fleisch essen könne: Schwein, Spanferkel, Eisbein, Schinken und Speck. Ich bin sicher, daß auf Mallorca mehr als zweitausend verschiedene Gerichte mit Schwein zubereitet werden und wenigstens zweihundert verschiedene Wurstsorten, die mit soviel Knoblauch, Pfeffer, Paprika und anderen Gewürzen aller Art gewürzt werden, daß es ausreicht, mit jedem Bissen in Lebensgefahr zu geraten.

Wenn bei Tisch zwanzig Gerichte aufgetragen werden, die wie ganz normale Speisen aussehen, dann trauen Sie diesen nicht, denn es sind dämonische Drogen, vom Teufel höchstpersönlich zubereitet. Schließlich folgt der Nachtisch, ein Stück Torte, das gut aussieht, garniert mit Fruchtstückchen, die gezuckerte Apfelsinen zu sein scheinen. Aber es ist eine Specktorte mit Knoblauch, mit Scheiben von *tomátigas* und Pfeffer, und all das ist mit weißem Salz bestäubt, das man wegen seines unschuldigen Aussehens mit Zucker verwechselt. Es gibt viele Hühner, doch sie bestehen nur aus Haut und Knochen. In Valldemossa hätte uns natürlich jedes Küken, das wir gekauft hätten, um es zu mästen, einen *Real* gekostet. Der Fisch, den man uns vom Meer brachte, war so mager und trocken wie die Hühner.

Eines Tages erwarben wir einen Tintenfisch der großen Sorte, und wir hatten unseren Spaß daran, ihn zu untersuchen. Nie habe ich ein schrecklicheres Tier gesehen. Sein Körper war so groß wie der eines Truthahns, seine Augen so groß wie Apfelsinen, und seine weichen und ekelhaften Beine waren vier oder fünf Fuß lang. Die Fischer versicherten uns, daß es sich dabei um einen Leckerbissen handele, aber der Anblick des Tieres schreckte uns ab, und wir schenkten es María Antonia, die es mit Freude zubereitete und verzehrte.

Wenn unser Erstaunen über den Tintenfisch diese guten Leute zum Lächeln brachte, so hatten wir einige Tage später Gelegenheit, über sie zu lachen. Als wir aus den Bergen zurückkamen, sahen wir, wie die Bauern ihre Arbeit liegenließen und eilig auf ein paar Leute zuliefen, die stehengeblieben waren und in einem Korb ein Paar bemerkenswerter, außergewöhnlicher, herrlicher und unbeschreiblicher Vögel transportierten. Die gesamte Bergbevölkerung war angesichts dieser unbekannten Vögel in Aufregung.

Einige fragten:

"Was fressen diese Tiere?"

Und andere antworteten:

"Möglicherweise fressen sie gar nichts."

"Leben sie auf der Erde oder auf dem Meer?"

"Wahrscheinlich leben sie immer in der Luft."

Die beiden Vögel, die ob dieser öffentlichen Bewunderung fast gestorben wären, waren weder Kondore, noch Phönixe oder gar Greife, sondern es waren zwei herrliche Hausgänse, die ein reicher Herr einem seiner Freunde als Geschenk sandte.

Auf Mallorca sind die alkoholischen Getränke, wie in Venedig, reichhaltig vorhanden und sehr exquisit. Normalerweise tranken wir einen so guten und billigen Muskateller wie es der Zypernwein ist, den man an der Adria trinkt. Aber die Rotweine, deren Herstellung für die Mallorquiner eine unbekannte Kunst ist, sind schwer, schwarz, feurig, viel zu alkoholhaltig und teurer als die einfachsten Weine in Frankreich. Alle diese anregenden und berauschenden Weine waren für unseren Kranken nicht sehr bekömmlich, nicht einmal für uns, so daß wir fast immer das hervorragende Wasser tranken. Vielleicht war es die Reinheit dieses guten Wassers, dem wir etwas verdankten, das wir bald feststellten: unsere Zähne wurden so weiß wie es die ganze Kunst der Parfumeure in Paris bei ihren besten Kunden nicht erreicht hätte. Es ist ebenso möglich, daß die Ursache hierfür in unserer notgedrungenen Enthaltsamkeit zu suchen war. Da wir kein Schmalz hatten und das Fett, das ekelerregende Öl und die schauderhaften Zubereitungsarten der dortigen Küche nicht ertragen konnten, lebten wir hauptsächlich von magerem Fleisch, Fisch und Gemüse, das alles mit Flußwasser anstatt mit Soße angerichtet wurde, dem wir als besonderen Genuß den Saft einer grünen Apfelsine beifügten, die wir in unserem kleinen Garten gepflückt hatten. Unser Nachtisch hingegen war exquisit: Bataten aus Málaga, gezuckerte Kürbisse aus Valencia und Weintrauben, die Kanaan alle Ehre gemacht hätten. Die Trauben sind weiß oder rosafarben, länglich und mit einer festen Haut überzogen, die dazu beiträgt, daß sie das ganze Jahr überdauern. Sie schmecken großartig, und man kann soviel davon essen wie man möchte, ohne fürchten zu müssen, daß sie einem so schwer im Magen liegen wie die unsrigen. Die Weintrauben aus Fontainebleau sind saftig und frisch, während die aus Mallorca süß und fleischig sind. Diese ißt man, jene trinkt man. Die Trauben, von denen einige zwischen zwanzig und fünfundzwanzig Pfund wogen, hätten die Bewunderung eines Malers erregt. Sie waren unsere Nahrung in den Zeiten des Mangels. Die Bauern glaubten, daß sie sie uns sehr teuer verkauften, da sie uns das Vierfache ihres Wertes bezahlen ließen, aber sie übersahen, daß sie im Vergleich zu unserer Währung sehr viel weniger kosteten, und so hatten wir den Spaß, uns gegenseitig an der Nase herumzuführen. Was die Feigenfrüchte angeht, gab es überhaupt keine Diskussion: sie sind die abscheulichsten Früchte, die ich kenne.

Wenn die kärglichen Lebensbedingungen für einen der unsrigen nicht so unerträglich und schädlich gewesen wären, und darauf bestehe ich, so hätten wir anderen sie am Ende noch recht akzeptabel gefunden. Es gelang uns auch auf Mallorca, sogar in einem verlassenen Kloster und im Kampf mit den durchtriebensten Bauern der Welt, so etwas wie Wohlstand zu schaffen. Wir hatten Fenster, Türen und einen Ofen, der einmalig war. Der beste Schmied Palmas hatte ihn in einem Monat angefertigt und er kostete uns hundert Francs. Er bestand ganz einfach aus einem Eisenzylinder mit einem Rohr, das zum Fenster hinausgeleitet wurde. Es dauerte eine Stunde, ihn anzufeuern, und kaum hatte man es geschafft, wurde er glühend rot, sodaß man die Türen, nachdem man sie geöffnet hatte, um den Qualm abziehen zu lassen, gleich wieder öffnen mußte, um die Hitze hinauszulassen. Außerdem hatte der sogenannte Ofensetzer das Innere mit jenem Material verkleidet, das die Inder zur Abdichtung ihrer Häuser und sogar für sich selbst verwenden, da ja die Kuh bei ihnen ein heiliges Tier ist. Wie reinigend dieser Geruch für die Seele auch sein mag, so muß ich doch sagen, daß er die Sinne nur wenig erfreut. Während des Monats, den dieser Verputz zum Trocknen brauchte, glaubten wir uns in einem jener Kreise in der Hölle zu befinden, in dem Dante die

Speichellecker entdeckt zu haben meinte. Vergeblich durchforschte ich meine Erinnerung nach einem Grund, mit dem wir solche Qual verdient hätten, welche Macht ich beweihräuchert und welchen Papst oder König ich mit meinen Schmeicheleien in seinem Irrtum bestärkt haben mochte. Auf meinem Gewissen lastete weder ein Laufjunge noch ein Amtsdiener, nicht einmal eine Ehrfurchtsbezeigung gegenüber einem Gendarmen oder Journalisten!

Zum Glück hatte der Apothekermönch noch vortreffliches Benzoe, das von dem Räucherwerk übriggeblieben war, mit dem man in seiner Klosterkirche früher die Heiligenbilder beräuchert hatte, und dieser himmlische Duft bekämpfte siegreich die höllischen Ausdünstungen in unserer Zelle.

Wir hatten ein beachtliches Mobiliar: tadellose Faltbetten, zwei Matratzen, die nicht gerade weich und teurer als in Paris, dafür aber neu und sauber waren, und eine dieser großen wattierten Steppdecken, die die Juden für wenig Geld in Palma verkaufen. Eine französische Dame, die auf der Insel lebte, war so freundlich, uns einige Pfund Federn zu überlassen, die sie für sich eigens aus Marseille hatte kommen lassen. Aus ihnen konnten wir zwei Kopfkissen für unseren Kranken machen. Das war ohne Zweifel ein riesiger Luxus an einem Ort, wo man Gänse als Fabelwesen betrachtet, und wo die Hühner Juckreiz haben, wenn sie aus der Pfanne kommen.

Wir verfügten über einige Tische, ziemlich viele Strohstühle in der Art derer, wie man sie in unseren Bauernhütten findet, und ein bequemes Sofa aus weißem Holz mit Kissen aus Deckenstoff, der mit Wolle gefüllt war. Der sehr staubige und unebene Fußboden der Zelle war mit valencianischen Strohmatten bedeckt, die einer von der Sonne gold getönten Wiese ähnelten, und mit schönen langhaarigen Schaffellen, die sehr fein und weiß waren und die man dort sehr gut zu fertigen versteht.

Wie in Afrika und im Orient gibt es auch in den alten Häusern auf Mallorca keine Schränke, schon gar nicht in den Zellen des Kartäuserklosters. Das persönliche Hab und Gut eines jeden wird in großen Schrankkoffern aus weißem Holz untergebracht. Unsere Koffer aus gelbem Leder waren sehr elegante Möbelstücke. Eine riesige Decke aus meliertem Stoff, mit der wir uns während der Reise die Füße bedeckt hatten, wurde zu einem dekorativen Vorhang für den Alkoven verwandelt, und mein Sohn schmückte den Ofen mit einem herrlichen Tonkrug aus Felanitx, dessen Form und Bemalung ganz und gar arabisch waren.

Felanitx ist eine Stadt auf Mallorca, die es verdiente, daß ihre kunstvollen Krüge in ganz Europa Verbreitung fänden. Diese Krüge sind so leicht, als wären sie aus Kork, und so feinkörnig, daß man den Ton, aus dem sie gemacht sind, für ein edleres Material halten könnte. Dort werden kleine Kannen von auserlesener Form hergestellt, die als Karaffen verwendet werden und die das Wasser sehr frisch halten. Dieser Ton ist so porös, daß das Wasser durch die Wände des Kruges entweicht, und nach weniger als einem halben Tag sind die Krüge leer. Ich verstehe kein Wort von Physik und vielleicht ist diese Bemerkung mehr als dumm. Aber mir erschien das wunderbar und mein Tonkrug ein Zauberwerk. Wir stellten ihn mit Wasser gefüllt auf den Ofen, dessen eiserne Platte fast immer rotglühend war, und so manches Mal war das Wasser durch die porösen Wände verdunstet und der Krug leer auf der heißen Platte gestanden, ohne daß er zersprungen wäre. Solange er nur einen Tropfen Wasser enthielt, war dieses eiskalt, auch wenn die Hitze des Ofens die Holzstücke, die daraufgelegt wurden, schwarz färbte.

Dieser schöne Krug, den eine Efeugirlande umrankte, die an der Wand daneben hing, erfreute Künstleraugen mehr als all unser vergoldetes Sèvresporzellan. Das Pianino von Pleyel, das wir nach drei Wochen Kampf und der Zahlung von vierhundert Francs den Händen der Zollbeamten entwunden hatten, erfüllte das hohe und widerhallende Gewölbe der Zelle mit einem vortrefflichen Klang. Schließlich hatte der Sakristan einen herrlichen gotischen Stuhl, der aus Eiche geschnitzt war, in unsere

Zelle bringen lassen, den die Ratten und Würmer in der alten Kartäuserkapelle angenagt hatten und dessen große Lade wir als Bibliothek benutzten. Seine leichten Einkerbungen und seine langen dünnen Streben warfen im Widerschein der nächtlichen Lampe Schatten, die aussahen wie üppige dunkle Spitzen mit ihren hängenden Fransen, und verliehen der Zelle so wieder ihren ganzen alten klösterlichen Charakter.

Señor Gomez, unser ehemaliger Vermieter aus *Son Vent*, dieser wohlhabende Mensch, der sein Haus heimlich an uns vermietet hatte, weil es sich nicht schickte, daß ein Bürger Mallorcas mit seinem Besitz Geld verdiente, hatte einen Streit mit uns angefangen und mit einem Prozeß gedroht, weil wir ihm einige irdene Teller zerbrochen hätten, für die er uns bezahlen ließ, als wäre es chinesisches Porzellan. Wir mußten auch, nachdem er uns gedroht hatte, das Weißen und Streichen seines Hauses wegen der angeblichen Ansteckungsgefahr bezahlen. Auf jeden Fall hat jedes Übel auch seine guten Seiten, denn er beeilte sich, uns die gesamte Wäsche seines Hauses, die er uns geliehen hatte, zu verkaufen. Aber obwohl er es eilig hatte, all das loszuwerden, was wir berührt hatten, vergaß er doch nicht zu feilschen, bis wir für seine alte Wäsche den Neupreis bezahlt hatten. Dank seiner sahen wir uns aber nicht gezwungen, Flachs zu säen, um eines Tages Bettücher und Tischdecken zu haben wie jener italienische Herr, der seinen Pagen Hemden versprochen hatte.

Man darf mich nicht albern nennen, wenn ich alle diese Scherereien aufzähle, die meinen Geldbeutel sicher mehr schmerzten als mich selbst. Doch niemand wird daran zweifeln, daß in einem fremden Land die Menschen das Interessanteste sind. Und wenn ich sage, daß ich zu den Mallorquinern keine noch so geringe wirtschaftliche Beziehung hatte, hinter der sich nicht eine unverschämte, böse Absicht und rohe Habgier versteckt hätten, und wenn ich hinzufüge, daß sie vor uns mit ihrem Glauben großtaten und vorgaben, sie seien über unsere geringe Frömmigkeit entrüstet, dann wird man mir zustimmen, daß die Frömmigkeit der einfachen Seelen, die von einigen Zeitgenossen so sehr in den Himmel gelobt wird, nicht immer die erbaulichste und moralischste Angelegenheit der Welt ist, und daß der Wunsch, Gott auf andere Weise zu verstehen und zu ehren, erlaubt sein sollte. Was mich angeht, so bin ich mittlerweile taub gegenüber diesen Gemeinplätzen, daß es ein Verbrechen und sogar gefährlich sei, einen falschen und korrupten Glauben anzugreifen, wenn man ihn durch nichts anderes ersetzen könne; daß die Völker, die nicht vom Gift der philosophischen Erforschung durchsetzt und vom revolutionären Fanatismus angesteckt worden sind, die einzig tugendhaften, gastfreundlichen und ehrlichen seien; daß sie noch Poesie, Größe und die alten Tugenden hätten, usw., usw. Ich habe auf Mallorca, so muß ich gestehen, noch mehr über diese Vorhaltungen gelacht als anderswo. Wenn ich meine Kinder beobachtete, die in Verachtung einer Philosophie der Trostlosigkeit erzogen wurden, wie sie mit Freude einem kranken Freund halfen, sie, und nur sie inmitten von einhundertsechzigtausend Mallorquinern, die sich mit der unglaublichsten Unmenschlichkeit, mit der feigsten Angst vor einer angeblich ansteckenden Krankheit abwandten, da dachte ich, daß diese kleinen Bösewichter vernünftiger waren und mehr Erbarmen hatten als dieses ganze Volk von Heiligen und Aposteln.

Diese frommen Diener Gottes behaupteten, ich beginge ein Verbrechen, wenn ich meine Kinder der Ansteckung aussetzte, und sie sagten, daß der Himmel ihnen die gleiche Krankheit schicken werde, um mich für meine Blindheit zu strafen. Ich antwortete ihnen, daß in unserer Familie, selbst wenn jemand die Pest hätte, sich niemand von dessen Bett entfernen würde, denn es sei weder vor noch nach der Revolution in Frankreich Brauch gewesen, die Kranken allein zu lassen. Ich fuhr fort, daß spanische Gefangene mit viel schlimmeren und gefährlicheren Krankheiten unser Land zur Zeit der Napoleonischen Kriege durchquert hätten, und daß unsere Bauern, nachdem sie ihre Suppe und ihre Kleidung mit ihnen geteilt hätten, ihnen ihr

Bett überlassen und an ihrer Seite ausgeharrt hätten, um sie zu pflegen; daß viele Opfer ihres Eifers geworden wären und der Ansteckung erlegen seien, was die Überlebenden nicht dazu veranlaßt hätte, die Gastfreundschaft und Nächstenliebe aufzugeben. Die Mallorquiner schüttelten den Kopf und lächelten mitleidig. Der Gedanke an die Selbstaufgabe für einen Unbekannten wollte ihnen einfach nicht in den Kopf, ebensowenig wie der an die Redlichkeit oder das Entgegenkommen einem Fremden gegenüber.

Alle Reisenden, die das Innere der Baleareninsel besucht haben, waren jedoch von der Gastfreundschaft und der Selbstlosigkeit der mallorquinischen Bauern überrascht. Mit Bewunderung haben sie geschrieben, daß es in diesem Land keine Gasthäuser gebe, es aber leicht und angenehm sei, die Dörfer zu durchfahren, in denen *eine einfache Empfehlung* genüge, um empfangen, untergebracht und unentgeltlich verköstigt zu werden. Diese einfache Empfehlung ist meiner Meinung nach etwas sehr Wichtiges. Diese Reisenden haben vergessen zu erwähnen, daß sämtliche Gesellschaftsschichten auf Mallorca, das heißt also alle Einwohner, einer Interessengemeinschaft angehören, die untereinander gute und zwanglose Beziehungen schafft, die gleichwohl mit frommer Nächstenliebe und menschlicher Sympathie nichts zu tun haben.

Ein paar Worte sollen die finanzielle Situation erklären:

Die Adligen sind zwar reich an Grundstücken, aber arm an Einkommen und durch Kredite ruiniert. Die zahlreichen Juden besitzen viel Bargeld und haben alle Ländereien der Herren in der Tasche, man kann ohne weiteres sagen, daß ihnen die ganze Insel gehört. Die Herren sind nichts weiter als adlige Repräsentanten, die damit beschäftigt sind, einander und den wenigen Fremden, die auf die Insel kommen, die Ehre ihrer Paläste und ihrer Besitztümer zu erweisen. Um diese wichtige Funktion würdig zu erfüllen, besuchen sie jedes Jahr die Börse der Juden, und jedes Jahr wird der Schneeball größer. Ich habe bereits erwähnt, auf welche Weise die landwirtschaftliche Produktion wegen fehlender Märkte und Industrie gelähmt ist. Aber es gibt einen wichtigen Ehrenkodex unter diesen armen Adligen, der darin besteht, ruhig und gelassen dem eigenen Ruin entgegenzusehen, ohne auf Luxus oder, besser ausgedrückt, auf die dürftige Verschwendung ihrer Vorfahren zu verzichten. Die Börsenspekulanten stehen also in einem ständigen Interessenverhältnis zu den Bauern, von denen sie aufgrund der Rechtstitel, die sie ihnen verliehen haben, einen Teil der Pachtgelder erhalten.

So zahlt der Bauer, der wahrscheinlich aus dieser Aufteilung seines Kredites profitiert, seinem Herrn so wenig und seinem Bankier so viel wie möglich. Der Herr ist nachgiebig und resigniert; der Jude unerbittlich, aber geduldig. Er macht Zugeständnisse, täuscht viel Verständnis vor und gesteht Fristen zu, weil er sein Ziel geradezu teuflisch verfolgt. Von dem Moment an, da er seine Klaue auf den Besitz legt, ist es unabwendbar, daß dieser Stück für Stück ganz in seine Hände fällt, und sein Interesse ist es, sich unentbehrlich zu machen, bis die Schuld den Wert des Kapitals erreicht hat. In zwanzig Jahren wird die Grundherrschaft auf Mallorca abgeschafft sein. Die Juden werden dort eine sehr mächtige Gruppe bilden, so wie sie es in unserem Land getan haben, und sie werden ihr immer noch gebeugtes und heuchlerisches Haupt unter der kaum verhohlenen Verachtung der Adligen und dem kindischen und ohnmächtigen Schrecken der Proletarier erheben. Bis dahin sind sie die wahren Besitzer des Landes, und die Bauern zittern in ihrer Gegenwart. Sie wenden sich an ihren ehemaligen Herrn, und weinend vor Mitleid, nehmen sie die letzten Überbleibsel seines Vermögens an sich. Der Bauer ist also daran interessiert, zwei Mächte zufriedenzustellen und ihnen sogar gefällig zu sein, damit er nicht letztlich zwischen beiden zermalmt wird.

Wenn Sie also an einen Bauern empfohlen worden sind, entweder von einem Adligen oder von einem Reichen (und durch wen sonst, wenn es dazwischen keine Klasse gibt?), wird man Ihnen sofort die Türen öffnen. Aber versuchen Sie, ihn ohne eine solche Empfehlung um ein Glas Wasser zu bitten, und Sie werden sehen, was passiert!

Und dennoch besitzt dieser mallorquinische Bauer Sanftmut, Güte, angenehme Sitten und eine natürliche Ruhe und Stille. Er liebt das Böse nicht, aber er kennt auch das Gute nicht. Er beichtet, betet und träumt unaufhörlich davon, das Paradies zu erlangen, aber er kennt die wahren Pflichten der Menschheit nicht. Er ist nicht fauler als ein Ochse oder ein Hammel, aber auch kaum mehr Mensch als jene Wesen, die in ihrer Dumpfheit vor sich hindösen. Er sagt seine Gebete herunter, er ist abergläubisch wie ein Wilder, aber er würde ohne allzu viel Reue seine Mitmenschen aufessen, wenn dies der Brauch seines Landes und nicht so viel Schweinefleisch vorhanden wäre. Er betrügt, raubt, lügt, beschimpft und plündert, ohne damit irgendwie sein Gewissen zu belasten. Ein Fremder ist für ihn kein Mensch. Niemals würde er einem Landsmann eine Olive stehlen, aber die Menschheit jenseits des Meeres ist nach Gottes Ratschluß nur dazu da, um den Mallorquinern kleine Vorteile zu verschaffen.

Wir hatten Mallorca den Beinamen *Affeninsel* gegeben, denn da wir uns von diesen räudigen, springenden und doch unschuldigen Tieren umgeben sahen, hatten wir uns daran gewöhnt, uns vor ihnen in acht zu nehmen, ohne mehr Abneigung oder Verachtung zu empfinden als die Inder gegenüber den Orang-Utans.

Trotzdem gewöhnt sich niemand ohne Wehmut daran, Kreaturen in menschlicher Gestalt und mit dem göttlichen Siegel versehen auf eine Weise verkümmern zusehen, die der gegenwärtigen Menschheit wirklich nicht entspricht. Man kann sehr wohl erkennen, daß dieses unvollständige Wesen fähig ist, zu verstehen, daß seine Rasse verbesserungsfähig ist, daß seine Zukunft dieselbe ist wie die der weiterentwickelten Rassen, und daß es nur eine Frage der Zeit ist, die in unseren Augen sehr lang erscheint, in Anbetracht der Ewigkeit jedoch unbedeutend ist. Aber je mehr man dieser Möglichkeit zur Verbesserung gewahr wird, desto mehr leidet man darunter, diese Rasse an die Ketten der Vergangenheit geschmiedet zu sehen. Dieser Stillstand der Zeit, der das Schicksal nicht sehr beunruhigt, erschreckt und umdüstert unsere tägliche Existenz. Wir fühlen mit dem Herzen, mit dem Geist, im tiefsten Inneren, daß das Leben aller anderen mit dem unseren verbunden ist, daß wir es nicht lassen können, zu lieben und geliebt zu werden, zu verstehen und verstanden zu werden, zu helfen und Hilfe zu empfangen. Ein Gefühl der moralischen oder intellektuellen Überlegenheit über die anderen Menschen befriedigt nur die stolzen Herzen. Ich denke, daß alle großmütigen Herzen sich nicht zum Zweck der Gleichmacherei herablassen sollten, sondern mit jedem Lidschlag all das, was unter ihnen ist, zu sich heraufheben sollten in dem Wunsch, endlich das echte Leben der Sympathie, des Austauschs, der Gleichheit und Gemeinsamkeit zu leben, das das religiöse Ideal des menschlichen Bewußtseins ist.

Ich bin sicher, daß dieses Bedürfnis im Grunde eines jeden Herzens besteht, und daß diejenigen unter uns, die es bekämpfen und mit Überheblichkeit zu ersticken versuchen, ein seltsames und bitteres Gefühl spüren, für das sie keinen Namen kennen. Die Menschen, die unten stehen, verbrauchen sich und verlöschen, wenn sie nicht aufsteigen können. Die, die oben sind, empören sich und sind bekümmert, wenn sie ihnen vergebens die Hand hinhalten. Und die, die niemandem helfen wollen, werden vom Überdruß und vom Schrecken der Einsamkeit verschlungen, bis sie einer Verdummung anheimfallen, die sie auf die primitivsten Ebenen zurückwirft.

Kapitel IV

WIR waren allein auf Mallorca, wie in einer Wüste, und wenn wir im Kampf mit den *Affen* den Bedarf für unser tägliches Leben gedeckt hatten, versammelten wir uns *en famille* um den Ofen und machten uns über sie lustig. Aber je weiter der Winter voranschritt, um so mehr lähmte die Traurigkeit in mir die Lust auf Frohsinn und Heiterkeit. Der Zustand unseres Kranken verschlimmerte sich zusehends, der Wind heulte in der Schlucht, der Regen trommelte an unsere Fensterscheiben, das Grollen des Donners drang durch unsere dicken Wände hindurch und brachte einen düsteren Klang in das Lachen und Spielen der Kinder. Die Adler und Geier, durch den Nebel kühn geworden, kamen bis an meine Fenster heran, um unsere armen Spatzen zu verschlingen. Das stürmische Meer hinderte die Schiffe am Auslaufen, und wir fühlten uns wie Gefangene, die weit entfernt von jeglicher Hilfe und wirklicher Anteilnahme waren. Der Tod schien über unseren Köpfen zu schweben, um sich eines der Unsrigen zu bemächtigen, und er fand uns allein in unserem Widerstand. Im Gegenteil, es gab kein menschliches Wesen in unserer Umgebung, das nicht gerne ein bißchen nachgeholfen hätte, um so bald wie möglich die gefährliche Nähe des Kranken loszuwerden. Diese feindseligen Gedanken bedrückten uns entsetzlich. Wir spürten wohl genug Kraft, uns gegenseitig die Pflege und Hingabe, den Beistand und die

Zuneigung zu geben, die uns vorenthalten wurden. Mehr sogar, ich glaube, daß solche Prüfungen das Herz weiter machen und die Zuneigung vergrößern, wenn sie mit all der Kraft gestärkt wird, die sie aus dem Gefühl menschlicher Solidarität gewinnt. Aber unsere Seelen litten darunter, daß wir unter Wesen geworfen waren, die dieses Gefühl nicht verstanden und für die wir das schmerzlichste Mitleid empfanden, obwohl sie weit davon entfernt waren, uns gegenüber irgendein Bedauern zu zeigen.

Die Folge davon war, daß ich in heftigste Ratlosigkeit gestürzt wurde. Ich habe nicht die geringsten wissenschaftlichen Grundkenntnisse, und ich hätte ein Arzt, ein großartiger Arzt sein müssen, um die Krankheit zu behandeln, deren ganze Veranwortung auf mir lastete.

Der Arzt, der sich um uns kümmerte, und dessen Eifer und Talent ich nicht in Zweifel ziehe, irrte sich wie jeder Arzt, wie es selbst unter den berühmtesten vorkommt, und so, das gab er selbst zu, wie sich jeder Gelehrte oft getäuscht hat. Die Bronchitis war von einer nervösen Erregung abgelöst worden, die viele Symptome einer Lungenschwindsucht aufwies.

Der Arzt, der diese Symptome zu gewissen Zeitpunkten festgestellt hatte und die gegenteiligen, die ich in anderen Augenblicken beobachtet hatte, nicht entdecken konnte, hatte sich für eine Behandlung bei Schwindsucht entschieden: Aderlässe, Diät und Milchspeisen. All diese Dinge waren völlig abträglich, und der Aderlaß wäre tödlich gewesen. Der Kranke fühlte das unwillkürlich, und ich, die ich, ohne etwas von Medizin zu verstehen, viele andere gepflegt hatte, verspürte ein ähnliches Gefühl. Trotzdem fürchtete ich mich davor, mich von meinem Instinkt leiten zu lassen, der mich täuschen könnte, und mich gegen die Anordnungen eines Fachmannes zu stellen. Und als ich sah, daß es dem Kranken schlechter ging, litt ich tatsächlich große Ängste, wie jeder verstehen wird. "Ein Aderlaß wird ihn retten", sagte man mir, "und wenn Sie nicht einwilligen, wird er sterben." Aber eine Stimme in meinem Inneren sagte mir: "Ein Aderlaß wird ihn umbringen, und wenn Du ihn verhinderst, wird er nicht sterben." Ich bin überzeugt, dies war die Stimme des Schicksals, und heute, da unser Freund, der Schrecken der Mallorquiner, nicht schwindsüchtiger ist als ich, sage ich dem Himmel Dank, daß er mir mein Vertrauen nicht genommen hat, das uns gerettet hat.

Was die Diät betrifft, so war sie ganz und gar verkehrt. Als wir ihre schlechten Auswirkungen bemerkten, hielten wir uns so wenig wie möglich daran, aber unglücklicherweise hatten wir nur die Wahl zwischen den scharf gewürzten Gerichten des Landes und äußerst kargen Mahlzeiten. Gottlob war die Milch so rar auf Mallorca, daß die Milchspeisen, deren schädliche Wirkung wir sofort feststellten, keinen Schaden anrichten konnten. Wir dachten an die Zeit, da die Milch noch Wunder bewirkte und wir uns abquälten, sie zu bekommen. In den Bergen dort gibt es keine Kühe, und die Ziegenmilch, die man uns verkaufte, wurde auf dem Weg immer von den Kindern, die sie brachten, getrunken. Demungeachtet kam die Kanne genauso voll an, wie sie losgeschickt wurde. Es war ein Wunder, das die frommen Boten jeden Morgen vollbrachten, nachdem sie ihr Gebet neben der Quelle im Hof des Klosters verrichtet hatten.

Um diese Wunder abzustellen, erwarben wir eine Ziege. Sie war die sanfteste und freundlichste Kreatur der Welt, eine schöne afrikanische Ziege mit kurzem, schokoladefarbenem Fell und ohne Hörner, mit einer platten Nase und Hängeohren. Diese Tiere unterscheiden sich sehr von den unsrigen. Sie haben das Haarkleid eines Rehs und die Statur eines Hammels, aber sie haben nicht das putzige und fröhliche Aussehen unserer Zicklein, im Gegenteil, sie wirken sehr melancholisch. Auch unterscheiden sie sich von ihren französischen Artgenossen darin, daß sie sehr kleine Euter haben und nur wenig Milch geben. In ihren besten Jahren hat diese Milch einen strengen und wilden Geschmack, den die Mallorquiner sehr schätzen, der uns aber ekelhaft erschien.

Unsere Freundin im Kloster war gerade in ihrer ersten Mutterschaft. Sie war kaum zwei Jahre alt und ihre Milch war äußerst köstlich, auch wenn sie sehr geizig damit umging, besonders, als sie von der Herde getrennt war, mit der sie zwar wenig umhersprang (dafür war sie nämlich zu ernsthaft, zu mallorquinisch), aber doch auf den Bergeshöhen träumte, verfiel sie einer Laune, die der unseren ziemlich ähnlich war. Es gab doch sehr schöne Gräser im Hof und wohlschmeckende Pflanzen, die die Mönche noch vor kurzer Zeit angebaut hatten, wuchsen in unserem Garten. Nichts entschädigte die Ziege für ihre Gefangenschaft. Verloren und verzweifelt irrte sie durch die Kreuzgänge und stieß dabei Seufzer aus, die zum Steinerweichen waren. Wir gaben ihr ein dickes Schaf zur Gesellschaft, dessen lange und dicke Wolle sechs Fuß maß. Es war eines dieser Schafe, die man in unserem Land nur in den Schaufenstern von Spielzeugläden oder auf den bemalten Fächern unserer Großmütter sieht. Diese hervorragende Gesellschaft beruhigte die Ziege ein wenig und veschaffte uns eine recht cremige Milch. Aber die Menge, die uns beide zusammen lieferten, war trotz ihrer guten Ernährung so gering, daß wir angesichts der häufigen Besuche, die María Antonia, *la niña* und Catalina unseren Tieren abstatteten, mißtrauisch wurden. Wir schlossen die Tiere in einem kleinen Hof am Fuße des Glockenturmes ein und paßten auf, daß wir die einzigen waren, die sie molken. Diese sehr dünnflüssige Milch, gemischt mit Mandelmilch, die meine Kinder und ich abwechselnd zubereiteten, ergab ein recht gesundes und angenehmes Heilgetränk. Wir konnten kein anderes finden. Alle Arzneimittel aus Palma waren unerträglich unrein. Der schlecht raffinierte Zucker, der aus Spanien kommt, ist schwarz, ölig und wirkt wie ein Abführmittel bei denjenigen, die nicht an ihn gewöhnt sind.

Eines Tages glaubten wir uns gerettet, denn wir entdeckten Veilchen im Garten eines reichen Großgrundbesitzers. Er erlaubte uns, ein paar zu pflücken, um einen Aufguß zuzubereiten, und als wir genügend gesammelt hatten, ließ er uns einen Sou für jedes Veilchen bezahlen, und zwar einen mallorquinischen Sou, der drei französischen entspricht.

Zu den häuslichen Pflichten kam die Notwendigkeit hinzu, unsere Zimmer zu fegen und die Betten selbst zu machen, wenn wir nachts wieder darin schlafen wollten, denn das mallorquinische Hausmädchen konnte sie nicht anrühren, ohne uns darin mit geradezu unerträglicher Verschwendung die gleichen Besucher zu hinterlassen, über die sich meine Kinder bereits beim Anblick des gebratenen Hähnchens so amüsiert hatten. Es blieb nur wenig Zeit zum Arbeiten und Spazierengehen, aber sie wurde gut genutzt. Die Kinder waren aufmerksam beim Unterricht und wir brauchten nur die Nase aus unserem Zufluchtsort herauszustecken, um die mannigfaltigste und herrlichste Landschaft vorzufinden. Bei jedem Schritt bot sich in der weiten Umrahmung der Berge ein pittoresker Anblick: eine kleine Kapelle auf einem steilen Felsen, ein Wäldchen von Rhododendronsträuchern, das einen gespaltenen Abhang bedeckte, eine Einsiedlerklause neben einer von hohen Büschen umgebenen Quelle und dichtstehende Bäume auf großen moos- und efeubewachsenen Felsflächen. Wenn die Sonne uns einen Augenblick gönnte, sahen wir, wie all diese Pflanzen, all diese Steine, vom Regen gewaschen, eine herrliche Farbe annahmen und unglaublich frisch schimmerten.

Wir machten vor allem zwei unvergeßliche Spaziergänge. An den ersten erinnere ich mich nicht gerne, auch wenn er herrlich war, und zwar aus verschiedenen Gründen, denn unser Kranker, der damals von vollkommener Gesundheit war (es war zu Beginn unseres Aufenthaltes auf Mallorca), wollte uns begleiten und verspürte danach eine Mattigkeit, die den Ausbruch seiner Krankheit markierte.

Unser Ziel war eine Einsiedelei, die drei Meilen entfernt am Rand des Meeres lag. Wir folgten dem rechten Ausläufer der Bergkette und kletterten auf einem steinigen Weg, der uns die Füße kaputtmachte, von einem Hügel zum nächsten, bis wir zum nördlichen Teil der Insel gelangten. An jeder Wegbiegung bot uns das Meer in erstaunlicher Tiefe ein großartiges Schauspiel, das wir durch die herrliche Vegetation hindurch beobach-

Die Einsiedelei von Valldemossa heute.

ten konnten. Es war das erste Mal, daß ich fruchtbare Ufer sah, die bis fast an die Wellen heran mit Bäumen und Gräsern bedeckt waren, ohne nackte Felsen, ohne morastige Strände und einsame Ufer. Bei allem, was ich an den Küsten Frankreichs gesehen habe, selbst noch auf der Höhe von Port-Vendres, wo ich es plötzlich in seiner ganzen Schönheit wahrnahm, erschien mir das Meer immer schmutzig und die Berührung mit ihm unangenehm. Der Lido, der in Venedig so besungen wird, hat Strände von schrecklicher Kahlheit, die von riesigen Eidechsen bevölkert werden, die bei Ihren Schritten zu Tausenden hervorkommen und Sie in immer größer werdender Zahl wie ein Alptraum zu verfolgen scheinen. In Royant, bei Marseille, nahezu überall und, so glaube ich, überhaupt an unseren Ufern verunstaltet ein Ring schleimiger Algen und unfruchtbaren Sandes den Zugang zum Meer. Auf Mallorca habe ich das Meer so gesehen, wie ich es mir erträumt habe, sauber und blau wie der Himmel, sanft gekräuselt wie eine Ebene aus Saphir, in regelmäßiger Wellenbewegung und umgeben von Wäldern in tiefem Grün. Bei jedem Schritt fanden wir eine noch erhabenere Aussicht vor als die vorherige. Trotzdem zeigte sich beim Abstieg zur Klause hinunter das Ufer an dieser Stelle, auch wenn es sehr schön war, nicht mit derselben Großzügigkeit, die ich später an einem anderen Ort der Küste vorfinden sollte.

Die Einsiedler, die dort zu viert oder fünft lebten, waren gänzlich unpoetisch. Ihre Unterkunft war ebenso elend und karg wie ihr Stand es mit sich brachte. Wir trafen sie dabei an, wie sie gerade ihren terrassenförmigen Garten umgruben, vor dem sich die große Einsamkeit des Meeres ausbreitete. Diese Menschen erschienen uns als sehr einfältig. Sie trugen kein Ordensgewand. Der Superior ließ seinen Spaten liegen und kam mit seiner schlichten Jacke aus grauem Stoff auf uns zu, seine kurzen Haare und sein schmutziger Bart hatten so gar nichts Malerisches an sich. Er erzählte uns von dem strengen Leben, das er führte, und vor allem von der großen Kälte, die an jener Küste herrschte. Aber als wir ihn fragten, ob er manchmal frie-

Garten der Einsiedelei von Valldemossa.

re, konnten wir ihm nicht klar machen, was Frost ist. Er kannte dieses Wort in keiner Sprache, und er hatte nie von kälteren Ländern als Mallorca gehört. Aber er hatte eine Vorstellung von Frankreich, denn er hatte die Flotte, die um 1830 zur Eroberung Algeriens ausgesandt worden war, vorbeisegeln sehen, und das war das schönste, das interessanteste, das einzige Ereignis in seinem Leben gewesen. Er fragte uns, ob die Franzosen Algerien eingenommen hätten, und als wir ihm antworteten, daß sie gerade Konstantinopel erobert hätten, riß er seine Augen weit auf und sagte, die Franzosen seien ein großes Volk.

Er ließ uns zu einer sehr schmutzigen Zelle hinaufsteigen, in der wir den Ältesten der Eremiten antrafen. Wir hielten ihn für einen Hundertjährigen, und es überraschte uns, daß er nicht älter als achtzig Jahre alt war. Dieser Mann war eindeutig schwachsinnig, auch wenn er ganz mechanisch mit seinen krummen und zitternden Händen einen Holzlöffel herstellte. Wir kümmerten ihn überhaupt nicht, obwohl er nicht taub war. Der Superior rief ihn an und er zeigte uns sein ekelhaft blödes Gesicht. Darin zeichnete sich ein ganzes Leben geistiger Erniedrigung ab, und ich wandte sofort die Augen ab, als handelte es ich um das Schrecklichste und Peinlichste der Welt. Wir gaben ihm ein Almosen, da er einem Orden von Bettelmönchen angehörte. Diese werden von den Bauern immer noch sehr verehrt und sie sorgen dafür, daß es ihnen an nichts fehlt.

Bei der Rückkehr wurden wir von einem Südwestwind überrascht, der uns mehrere Male umwarf und unseren Weg so mühsam machte, daß unser Kranker völlig erschöpft war.

Den zweiten Spaziergang machten wir einige Tage vor unserer Abreise von Mallorca, und er hinterließ einen so großen Eindruck bei mir, daß ich ihn mein ganzes Leben lang nicht vergessen werde. Nie hat mich das Schauspiel der Natur auf derartige Weise gepackt und ich erinnere mich nicht, daß mir Ähnliches mehr als drei oder vier Mal in meinem Leben vorgekommen wäre.

Grandioser Blick auf die Küste vor Valldemossa von der Einsiedelei aus.

Der Regen hatte aufgehört und plötzlich setzte der Frühling ein. Es war Februar. Alle Mandelbäume standen in Blüte, und die Wiesen waren voll duftender Narzissen. Dies war, abgesehen von der Farbe des Himmels und den lebhaften Tönen der Landschaft der einzige Unterschied, den das Auge zwischen den beiden Jahreszeiten feststellen konnte, denn die Bäume sind in dieser Gegend fast die ganze Zeit über grün. Die, welche früh knospen, leiden nicht unter der Strenge des Frostes, die Wiesen behalten ihre Frische, und die Blumen brauchen nur einen sonnigen Morgen, um sich dem Wind zu zeigen. Als in unserem Garten noch ein halber Fuß Schnee lag, tanzte ein Windstoß über unsere angebundenen Rosenstöcke hinweg, die, wenn auch ein bißchen bleich, keineswegs die gute Laune verloren.

Da ich auf der Nordseite von der Tür des Klosters aus das Meer sehen konnte, machten meine Kinder und ich uns eines Tages, als unser Kranker sich so weit erholt hatte, daß er zwei oder drei Stunden allein bleiben konnte, auf den Weg zum nördlichen Strand. Bis zu dem Zeitpunkt hatte er nicht die leiseste Neugierde in mir geweckt, obwohl meine Kinder, die wie Gemsen herumsprangen, mir erzählt hatten, es sei der schönste Ort der Welt. Sei es, daß der Besuch der Einsiedelei als Anlaß für unseren Kummer in mir eine tiefgreifende Abneigung geschaffen hatte, sei es, daß ich nicht erwartet hatte, von der Ebene aus ein so grandioses Schauspiel des Meeres erblicken zu können wie von der Höhe des Berges aus. Ich hatte jedenfalls noch nicht die Versuchung gespürt, das eingeschlossene Tal von Valldemossa zu verlassen.

Wie ich zuvor schon gesagt habe, öffnet sich die Bergkette dort, wo das Kloster liegt, und zwischen den beiden Ausläufern der Bergkette, die sich zum Meer hin erstrecken, befindet sich eine leicht abschüssige Ebene. Dadurch jedoch, daß ich das Meer am Horizont sehr weit oberhalb dieser Ebene gesehen hatte, begingen mein Blick und mein Verstand einen großen Fehler. Anstatt zu erkennen, daß die Ebene anstieg und nicht sehr weit von mir plötzlich abfiel, dachte ich, sie neigte sich in sanftem Gefälle bis zum Meer hin und daß das Ufer fünf oder sechs Meilen entfernt sei. Wie sollte ich mir erklären, daß dieses Meer, das für mich auf derselben Höhe wie das Kloster zu liegen schien, zwei- oder dreitausend Fuß tiefer lag? Ich wunderte mich manchmal, daß es so laut zu hören war, wenn es doch so weit entfernt lag, wie ich vermutete. Ich verstand dieses Phänomen nicht, und ich weiß nicht, wie ich es mir erlauben kann, mich über die Kleinbürger von Paris lustig zu machen, wenn ich selbst so einfältige Schlußfolgerungen zog. Ich erkannte nicht, daß der Meereshorizont fünfzehn oder zwanzig Meilen von der Küste entfernt war, während das Meer in der Entfernung von nur einer halben Wegstunde vom Kloster aus an die Gestade der Insel schlug. Wenn meine Kinder mich daher baten, mitzukommen, um das Meer zu sehen, unter dem Vorwand, es sei nur zwei Schritte entfernt, glaubte ich, daß es sich dabei um Kinderschritte handelte, das heißt, tatsächlich um zwei Riesenschritte, denn es ist ja bekannt, das Kinder mit dem Kopf gehen, ohne je daran zu denken, daß sie Füße haben, und daß die Siebenmeilenstiefel des kleinen Däumlings ein Märchen sind, das zum Ausdruck bringt, daß die Kinder um die ganze Welt laufen würden, ohne es zu bemerken.

Schließlich ließ ich mich also von ihnen mitziehen, davon überzeugt, daß wir nie an dieses märchenhafte Ufer, das mir so weit weg zu sein schien, gelangen würden. Mein Sohn gab vor, den Weg zu kennen, da aber jeder Weg recht ist, wenn man mit Siebenmeilenstiefeln unterwegs ist, machte ich ihn darauf aufmerksam, daß ich nicht wie er und seine Schwester über Hekken, Dornbüsche und Wildbäche springen könnte. Nach einer Viertelstunde bemerkte ich, daß wir nicht zum Meer hinabstiegen, da die Bäche uns entgegen flossen, und je weiter wir kamen, desto mehr schien das Meer immer weiter am Horizont zu verschwinden. Schließlich glaubte ich sogar, wir wendeten ihm den Rücken zu und ich beschloß, den erstbesten Bauern, auf den ich stieß, zu fragen, ob wir zufällig auf dem Weg zum Meer seien.

Unter einem dichten Weidengebüsch hoben drei Hirtinnen, vielleicht drei verkleidete Feen, in einem sumpfigen Graben Erde aus, um dort ich weiß nicht welchen Talisman oder was auch immer zu suchen. Die erste hatte nur noch einen Zahn: es handelte sich bei ihr wahrscheinlich um die Fee *Dentuda*, die ihre Zaubereien mit diesem einzigen und gräßlichen Zahn im Topf umrührt. Die zweite war, dem Aussehen nach, *Carabosa*, die Todfeindin aller orthopädischen Einrichtungen. Die beiden empfingen uns mit einer schrecklichen Grimasse. Die erste zeigte mit ihrem fürchterlichen Zahn in die Richtung meiner Tochter, deren frisches Aussehen ihren Appetit weckte. Die zweite wackelte mit dem Kopf und schwenkte ihre Krücke, um meinen Sohn damit zu schlagen, dessen aufrechte, junge Gestalt ihr Schrecken einflößte. Die dritte aber, die jung und hübsch war, sprang behende über den Graben und indem sie sich ihren Umhang über die Schultern warf, winkte sie uns, ihr zu folgen und ging vor uns her. Sie war wirklich eine gute kleine Fee, der es in ihrer Bergbäuerinnenverkleidung Spaß machte, daß man sie *Périca de Pier-Bruno* nannte.

Périca war das liebenswerteste Geschöpf Mallorcas, das ich gesehen habe. Sie und meine Ziege sind die einzigen Lebewesen aus Valldemossa, die einen Platz in meinem Herzen erobert haben. Die kleine Ziege hätte sich geschämt, wäre sie so schmutzig gewesen wie das kleine Mädchen. Aber nachdem sie ein wenig auf der feuchten Wiese gelaufen war, wurden ihre nackten Füße, wenn auch nicht weiß, so doch so niedlich wie die einer Andalusierin, und ihr fröhliches Lächeln, ihr zutrauliches und neugieriges Geplapper sowie ihre selbstlose Höflichkeit machten sie in unseren Augen zu einer feinen Perle. Sie war sechzehn Jahre alt, ihr rundes Gesicht hatte ganz zarte Züge und war samtig wie ein Pfirsich. Die Regelmäßigkeit ihrer Linien und ihre Schönheit erinnerten an eine griechische Statue. Ihre Figur war so schlank wie die einer Gerte, und ihre nackten Arme fielen durch ihre Bräune auf. Unter dem *rebozillo* aus grobem Stoff kam ihr fließendes Haar hervor, so unentwirrbar wie der Schweif einer jungen Stute. Sie führte uns bis ans Ende der Felder und ließ uns anschließend eine Wiese durchqueren, die von einem Wald umgeben und mit Felsbrocken übersät war. Schon sah ich das Meer nicht mehr, was mich annehmen ließ, daß wir in die Berge gingen und daß sich die böse Périca einen Scherz mit uns erlaubte.

Aber plötzlich öffnete sie eine kleine Absperrung, die die Wiese schloß, und wir sahen einen Pfad, der um einen riesigen, zuckerhutförmigen Felsen herumführte. Wir gingen auf ihm weiter und wie durch Zauberei fanden wir uns über dem Meer wieder, über der Unendlichkeit des Meeres, dessen Ufer eine Meile weiter unten zu unseren Füßen lag. Die erste Wirkung dieses unerwarteten Schauspiels war ein Schwindelgefühl, und ich setzte mich hin. Nach und nach beruhigte ich mich und beschloß, den Pfad hinunterzugehen, obwohl er nicht für Menschen-, sondern für Ziegenfüße geschaffen war. Das, was ich sah, war so schön, daß ich mich alsbald zwar nicht mit Siebenmeilenstiefeln, so doch mit Schwalbenflügeln versehen fühlte, die mich um die hohen Kalkfelsen führten, die sich wie hundert Fuß große Riesen entlang der Küstenwand erhoben, wobei ich immer versuchte, den Grund der Bucht zu sehen, die sich zu meiner Rechten auftat, und in der die Fischerboote wie kleine Fliegen aussahen. Plötzlich sah ich um mich herum nur noch das strahlend blaue Meer. Der Pfad hatte sich irgendwo verloren. Périca schrie über meinem Kopf und meine Kinder, die mir auf allen vieren folgten, schrien doppelt so laut. Ich drehte mich um und sah meine Tochter in Tränen aufgelöst. Ich ging zurück, um sie nach dem Grund zu fragen, und als ich einen Augenblick nachdachte, stellte ich fest, daß der Schrecken und die Verzweiflung meiner Kinder nicht unbegründet waren. Ein Schritt weiter, und ich wäre sehr viel schneller als empfehlenswert unten angekommen, es sei denn, ich hätte es geschafft, umgekehrt zu laufen wie eine Fliege an der Decke, denn die Felsen, auf denen ich herumkletterte, neigten sich über die kleine Bucht, und der Grund der Insel war gänzlich ausgehöhlt.

Als ich mir der Gefahr bewußt wurde, der ich meine Kinder ausgesetzt hatte, bekam ich schreckliche Angst und beschloß, umzukehren. Aber als ich sie an einen verhältnismäßig sicheren Ort gebracht hatte, der von einem dieser riesigen Zuckerhüte geschützt wurde, erfüllte mich abermals das Verlangen, den Grund der Bucht und den unteren Teil der Aushöhlungen zu sehen.

Nie hatte ich etwas Ähnliches gesehen, und meine Phantasie ging verständlicherweise mit mir durch. Ich kletterte einen anderen Pfad hinunter, hielt mich am Gestrüpp fest und umklammerte die Felsnadeln, von denen jede einen neuen Abstieg des Pfades markierte. Endlich erkannte ich die riesige Öffnung der Aushöhlung, wo die Wellen sich in seltsamer Harmonie brachen. Ich weiß nicht, welch magische Akkorde ich zu vernehmen, noch welche unbekannte Welt ich entdeckt zu haben glaubte, als mein Sohn, erschrocken und ein wenig wütend, mich mit Gewalt zurückzog. Ich mußte mich auf die unpoetischste Art fallen lassen, und zwar nicht nach vorn, was das Ende meines Abenteuers und meiner selbst bedeutet hätte, sondern auf den Allerwertesten wie ein vernünftiger Mensch. Mein Sohn machte mir so nette Vorwürfe, daß ich auf mein Unterfangen verzichtete, aber nicht ohne großes Bedauern, das mich immer noch verfolgt, denn meine Pantoffeln werden jedes Jahr schwerer, und ich glaube nicht, daß mir die Flügel, die ich an jenem Tag hatte, erneut wachsen würden, um mich an ein solches Gestade zu tragen.

Es ist jedoch sicher, und ich weiß dies ebenso gut wie jeder andere, daß das, was man sieht, nicht immer dasselbe ist, wie das, was man träumt. Aber das gilt nur auf dem Gebiet der Kunst und der menschlichen Taten. Sei es, weil ich eine äußerst träge Einbildungskraft habe oder weil Gott mehr Talent hat als ich (was nicht unmöglich wäre), so habe ich für meine Person die Natur oft schöner vorgefunden, als ich sie mir vorgestellt hatte, und ich erinnere mich nicht, sie jemals unerfreulich gefunden zu haben, außer in den Stunden, in denen ich mich selbst in einem solchen Zustand befand.

Ich bin untröstlich, daß ich um jenen Felsen nicht herumgegangen bin. Vielleicht hätte ich dort Amphitrite persönlich sehen können, unter einem Gewölbe aus Perlmutt und die Stirn gekrönt mit flüsternden Algen. Statt ihrer habe ich nur spitze Kalkfelsnadeln gesehen, die sich zum Teil wie Säulen von Schlucht zu Schlucht, zum Teil wie Stalaktiten von Grotte zu Grotte hinzogen, alle in absonderlichen Formen und phantastischen Haltungen. Die Bäume, die eine wundersame Kraft haben mußten, von den Stürmen aber trotzdem gekrümmt und halb entwurzelt worden waren, neigten sich über die Schlucht, und von deren Grund erhob sich ein Berg bis in die Höhe des Himmels, aus Glas, Diamanten und Saphiren. Das Meer, von so beachtlicher Höhe aus gesehen, erzeugt bekanntermaßen die Illusion, vertikal zu sein. Soll das einer erklären, der das versteht.

Meine Kinder bestanden darauf, Pflanzen mitzunehmen. Die schönsten Lilien der Welt wachsen zwischen diesen Felsen. Zu dritt rissen wir schließlich eine scharlachrote Amaryliszwiebel aus, die wir wegen ihres enormen Gewichtes nicht bis ins Kloster schaffen konnten. Mein Sohn schnitt sie in Stücke, um unserem Kranken ein Teil dieser herrlichen Pflanze in der Größe eines Kopfes zeigen zu können. Périca, beladen mit einem Reisigbündel, das sie auf dem Weg gesammelt hatte, und mit dem sie uns ob ihrer brüsken und schnellen Bewegungen dauernd vor dem Gesicht herumfuchtelte, begleitete uns bis zum Dorfeingang. Ich lud sie ein, bis zum Kloster mitzukommen, um ihr ein kleines Geschenk zu machen, aber es kostete viel Überzeugung, bis sie es endlich annahm. Arme kleine Périca! Du hast nicht gewußt, und du wirst es auch nie wissen, was du mir Gutes getan hast, als du mir zeigtest, daß es unter den *Affen* ein menschliches Wesen gab, das sanft, bezaubernd und ohne Vorurteile hilfreich war. Am Abend freuten wir uns alle sehr darüber, daß wir Valldemossa nicht verlassen würden, ohne einen sympathischen Menschen angetroffen zu haben.

Kapitel V

Z WISCHEN diesen beiden Ausflügen, dem ersten und dem letzten, die wir auf Mallorca unternahmen, machten wir viele andere, auf die ich hier aber nicht eingehen möchte, weil ich den Leser nicht mit monotoner Begeisterung für diese überall schöne Natur mit den malerischen Häusern, Hütten, Palästen, Kirchen und Klöstern langweilen möchte. Sollte sich einer unserer Landschaftsmaler jemals entschließen, Mallorca zu besuchen, so empfehle ich ihm das Landhaus *La Granja de Fortuny*, in einem Tal voller Zitronenbäume, das sich vor seinen Marmorsäulen erstreckt, und den Weg, der zu ihm hinführt. Aber auch ohne so weit zu gehen, kann man auf dieser zauberhaften Insel keine zwei Schritte tun, ohne an jeder Wegbiegung stehenzubleiben, bald an einer arabischen Zisterne im Schatten von Palmen, bald an einem Steinkreuz, einem vorzüglichen Werk aus dem 15. Jahrhundert, bald am Rande eines Olivenhains.

Nichts kommt dem Anblick und dem überraschenden Formenreichtum dieser alten Schätze Mallorcas gleich. Die Mallorquiner selbst datieren die frühesten Anpflanzungen von Olivenbäumen auf die Zeit, da die Insel von den Römern besetzt war. Ich werde dies nicht bestreiten, denn mir fehlen die Mittel, das Gegenteil zu beweisen, selbst wenn ich es wollte. Andererseits verspüre ich nicht das geringste Verlangen, dies zu tun. Beim Anblick des enormen Umfangs und dem wilden Wuchs dieser geheimnisvollen Bäume akzeptierte meine Phantasie sie bereitwillig als Zeitgenossen Hannibals. Wenn man des Abends in ihrem Schatten spazierengeht, muß man sich stets daran erinnern, daß es Bäume sind, denn wenn man seinen Augen und der Phantasie vertraute, so glaubte man sich unter gespenstischen Monstern. Die einen krümmen sich einem entgegen wie riesige Drachen mit weit geöffnetem Maul und ausgebreiteten Flügeln, die anderen rollen sich ein wie schlafende Boas, wieder andere umarmen einander erzürnt wie kämpfende Riesen. Hier finden wir uns einem galoppierenden Zentaur gegenüber, der auf seinem Rücken ich weiß nicht welchen furchtbaren Affen davonträgt, dort einem unbekannten Reptil, das eine keuchende Hirschkuh verschlingt, ein bißchen weiter entfernt einem Satyr, der mit einem Ziegenbock tanzt, der noch häßlicher ist als er selbst, und häufig einem einsamen, rissigen, knorrigen, krummen Baum, den man für eine Gruppe von zehn verschiedenen Bäumen hält und der alle diese unterschiedlichen Monster darstellt, die so in einem einzigen Haupt zusammenkommen, das so furchterregend ist, wie das der indianischen Fetische, und wie ein Helm gekrönt wird von einem einzigen grünen Zweig. Die Neugierigen, die die Kupferstiche des Monsieur Laurens betrachten, sollten die Gestalt der von ihm gezeichneten Olivenbäume nicht für übertrieben halten. Er hätte sogar noch außergewöhnlichere Modelle aussuchen können, und ich bin sicher, daß das *Magasin pittoresque*, dieser heitere und unermüdliche Berichterstatter über die Wunder der Kunst und der Natur, uns eines Tages Muster von erster Qualität darbieten wird können.

Aber um den großartigen Stil dieser heiligen Bäume zu vermitteln, von denen man immer erwartet, daß prophetische Stimmen aus ihnen ertönen, sowie diesen glänzenden Himmel, vor dem sich ihre rauhe Silhouette so kräftig abzeichnet, braucht es den kühnen und grandiosen Pinsel Rousseaus.[21] Die

---

[21] Théodore Rousseau, einer der großen Landschaftsmaler unserer Zeit, ist beim Publikum nur wenig bekannt, dank des Widerstands einer Künstlerjury, die ihm seit einigen Jahren das Recht verweigert, seine Meisterwerke auszustellen.

klaren Wasser, in denen sich die Liliengewächse und die Myrten widerspiegeln, erfordern einen Dupré. Die mehr geordneten Partien, wo die Natur, auch wenn sie frei ist, durch zu viel Koketterie klassische und edle Züge annimmt, würden den ernsten Corot reizen. Um jedoch das einzigartige Durcheinander einer ganzen Welt von Gräsern, Wildblumen, alten Stämmen und traurigen Girlanden wiederzugeben, die sich über eine Quelle neigen, in der ein Storch seine langen Beine benetzt, hätte ich gerne über einen Zauberstab verfügt, wie der Stichel Huets einer ist ...

Wie oft habe ich beim Anblick eines alten mallorquinischen Adligen, der in der Tür seines verwitterten und verfallenden Palastes stand, von Décamps geträumt, dem großen Meister der ernsthaften Karikatur bis hin zur historischen Zeichnung, dieses Genie, das selbst den Mauern Geist, Heiterkeit und Poesie, mit einem Wort Leben, zu verleihen verstand. Die hübschen sonnengebräunten Kinder, die als Mönche verkleidet in unserem Kloster spielten, hätten ihn sehr belustigt. Dort hätte er so viele Affen und Engel an ihrer Seite vorgefunden, wie er wollte, Schweine mit Menschengesichtern und dann Cherubime, vereinigt mit Ferkeln und nicht weniger schmutzig. Périca, schön wie Galatea, war schmutzig wie ein Pudel, und lachte im Angesicht der Sonne, wie alles, was schön ist auf der Welt.

Aber Dich, Eugène Delacroix, mein alter Freund, mein lieber Künstler, dich hätte ich nachts gern auf den Berg geführt, wenn der Mond sein fahles Licht ausströmte.

Es war auf einem herrlichen Spaziergang, als ich fast ertrunken wäre, zusammen mit meinem armen Sohn von vierzehn Jahren, den aber der Mut nicht verließ, und ich konnte sehen, wie die Natur in jener Nacht vollkommen romantisch, vollkommen verrückt und vollkommen erhaben geworden war.

Mein Sohn und ich hatten Valldemossa verlassen, um das Pleyel-Pianino aus den Händen der grausamen Zöllner zu befreien. Der Morgen war ziemlich klar gewesen, und die Wege luden zum Spaziergang ein. Aber als wir in der Stadt waren,

Die Kartause (Aquarell von Maurice Sand).

begann es zu regnen. Hier klagen wir über den Regen, aber wir wissen nicht, was das ist. Unsere längsten Regenfälle dauern nicht länger als zwei Stunden, eine Wolke folgt der anderen, und zwischen beiden gibt es eine Ruhepause. Auf Mallorca hängt eine ständige Wolkendecke über der Insel und bleibt so lange, bis sie sich entladen hat. Das kann vierzig, fünfzig Stunden dauern, oder vier bis fünf Tage ohne Unterbrechung und mit gleichbleibender Intensität.

Bei Sonnenuntergang kehrten wir mit dem *birlocho* zurück und hofften, in drei Stunden das Kloster zu erreichen. Wir brauchten sieben, und es fehlte nicht viel, und wir hätten zusammen mit den Fröschen in einem zufällig entstandenen See schlafen müssen. Der Kutscher schien übelster Laune zu sein. Er hatte unzählige Ausreden erfunden, um uns nicht fahren zu müssen: sein Pferd sei nicht beschlagen, das Maultier lahme und die Achse sei gebrochen, und was nicht noch alles! Wir kannten die Mallorquiner schon gut genug, um uns nicht an der Nase herumführen zu lassen, und wir zwangen den Kutscher, auf die Deichsel seines Fahrzeuges zu steigen, wo er während der ersten Stunden ein äußerst trauriges Gesicht machte. Er sang nicht, wies unsere Zigaretten zurück und ließ keine Flüche über sein Maultier ergehen, was ein schlechtes Zeichen war. Er trug den Tod im Herzen. Um uns abzuschrecken, nahm er den schlechtesten der sieben Wege. Auf diesem Weg sanken wir immer tiefer ein und wir stießen bald auf das Bett des Wildbachs, in dem wir sodann weiterfuhren, aber aus dem wir nicht so leicht wieder herauskamen. Der gute Wildbach, der kaum Platz in seinem Bett hatte, hatte den Weg überflutet, und nun gab es keinen Weg mehr, sondern nur noch eine Gebirgsschlucht, deren wilde Wasser sich mit großem Getöse und voller Geschwindigkeit über uns ergossen.

Als der hinterhältige Kutscher, der mit unserer Verzagtheit gerechnet hatte, sah, wie entschlossen wir waren, verlor er seinen kühlen Kopf und begann, gegen die gesamten himmlischen Heerscharen Flüche und Verwünschungen auszustoßen. Die steinernen Kanäle, die das Quellwasser zur Stadt leiteten, waren so angeschwollen, daß sie wie der Frosch in der Fabel geplatzt waren. Die Wassermassen, die nicht wußten wohin, hatten auf den Feldern große Pfützen, danach Tümpel, später Seen und schließlich Meeresarme gebildet. Bald wußte der Kutscher nicht mehr, welchem Heiligen oder Teufel er sich noch anempfehlen konnte. Er nahm ein unfreiwilliges Fußbad, das er ohnehin ziemlich nötig gehabt hatte, und deshalb waren wir auch nicht bereit, ihn zu bemitleiden. Die Kutsche schloß sehr gut und wir befanden uns noch im Trockenen, aber mit jeder Minute, so meinte mein Sohn, stieg die Flut an. Wir fuhren aufs Geratewohl weiter, wobei wir fürchterlich herumgestoßen wurden und holperten in Schlaglöcher, von denen wir dachten, das jedes nächste unser Grab werden könne. Schließlich sanken wir so tief ein, daß das Maultier stehenblieb, als wollte es sich noch einmal sammeln, um dann seinen Geist aufzugeben. Der Kutscher erhob sich, um sich am Rand des Weges festzuhalten, der auf der Höhe seines Kopfes war. Aber er hielt inne, als er im Licht der Dämmerung erkannte, daß dieser Rand nichts anderes war als der Kanal von Valldemossa, der zu einem Fluß geworden war und mehrfach auf unseren Weg herabstürzte.

Es war ein tragikomischer Moment. Um mich war ich kaum besorgt, aber ich hatte große Angst um meinen Sohn. Ich sah ihn an; er lachte über die Gestalt des Kutschers, der mit gespreizten Beinen auf der Wagendeichsel stand, den Abgrund abschätze und nicht die geringste Lust mehr hatte, sich auf unsere Kosten lustig zu machen. Als ich meinen Sohn so ruhig und fröhlich sah, fand ich mein Gottvertrauen wieder. Ich spürte, daß er den Instinkt für sein Schicksal in sich trug, und ich gab mich dieser Intuition hin, die die Kinder nicht erklären können, die sich aber wie eine Wolke oder ein Sonnenstrahl auf ihrer Stirn ausbreitet.

Als der Kutscher erkannte, daß er uns nicht unserem drohenden Schicksal überlassen konnte, resignierte er und beschloß, es uns mit uns zu teilen. Und indem er plötzlich zum Helden wurde, rief er uns mit väterlicher Stimme zu:

"Fürchtet nichts, meine Kinder!"

Dann gab er einen lauten Schrei von sich und schlug auf sein Maultier ein, das strauchelte, Halt suchte, sich wieder erhob, erneut strauchelte und sich keuchend wieder erhob. Der *birlocho* sank auf einer Seite ein.

"Da haben wir's!" rief der Kutscher.

Er warf sich auf die andere Seite.

"Und noch einmal!" wiederholte er.

Die Kutsche krachte unheilvoll, tat ein paar erstaunliche Sprünge und kam schließlich triumphierend aus dieser Prüfung hervor wie ein Schiff, das die Klippen gestreift hatte, ohne daran zu zerschellen.

Wir glaubten uns gerettet, als wir auf dem Trockenen waren. Aber wir mußten diesen Versuch einer Seereise per Kutsche ein dutzendmal wiederholen, ehe wir die Berge erreicht hatten. Aber dort begann das Maultier, das völlig entkräftet und vom Tosen des Wildbachs und des Windes erschreckt war, an den Abgrund zurückzuweichen. Wir stiegen aus, um jeder an einem Rad zu schieben, während der Kutscher Meister Langohr an seinen Ohren zog. Wir stiegen ich weiß nicht wie oft aus, und nach zwei abenteuerlichen Stunden, während der wir kaum eine halbe Meile zurückgelegt hatten, knickte das Tier auf der Brükke ein, am ganzen Körper zitternd, so daß wir beschlossen, Mann, Kutsche und Tier dort zurückzulassen und zu Fuß das Kloster zu erreichen.

Das war kein leichtes Unterfangen. Der ansteigende Pfad hatte sich in einen reißenden Bach verwandelt, gegen den man mit kräftigen Beinen ankämpfen mußte. Andere kleine und erst vor kurzem entstandene Sturzbäche, die mit viel Getöse von den Felsen herabstürzten, kamen plötzlich zu unserer Rechten hervor, und wir mußten uns beeilen, sie hinter uns zu lassen oder es wagen, sie zu überqueren, in der Furcht, daß sie einen Augenblick später unüberwindbar sein würden. Der Regen fiel in Strömen, riesige Wolken, schwärzer als Tinte, verbargen immer wieder das Antlitz des Mondes. Dann, eingehüllt in graue und undurchdringliche Nebelschwaden und gebeugt von einem stürmischen Wind, spürten wir, daß die Baumkronen unsere Köpfe berührten und hörten, wie die Pinien zusammenkrachten und die Steine umherrollten, und wir mußten stehenbleiben, um abzuwarten, wie ein scherzhafter Dichter gesagt hat, bis Jupiter das Licht geputzt hatte.

In diesen Intervallen von Schatten und Licht hättest Du, lieber Eugène, Himmel und Erde unter den unheimlichsten und überraschendsten Reflexen erbleichen sehen. Als der Mond wieder hervorkam und in einer blauen Ecke, die der Wind schnell freigefegt hatte, zu gebieten schien, fielen plötzlich dunkle Wolken wie Gespenster ein, um ihn gierig in die Falten ihrer Leichentücher zu hüllen. Sie zogen über ihn hinweg, und ein paar Mal rissen sie auf, um ihn uns schöner und gütiger zu zeigen. Dann gaben uns der von Sturzbächen erglänzende Berg und die ausgerissenen Bäume eine Vorstellung vom Chaos. Wir dachten an jenen schönen Hexensabbat, den wir einmal in einem Traum gesehen haben und der mit ich weiß nicht welchem Pinsel gemalt zu sein schien, der in die roten und blauen Fluten des *Phlegeton* getaucht war. Und wir hatten kaum dieses höllische Bild bewundert, als der Mond verschwand, verschluckt von den Monstern der Lüfte und uns in einer reinen Bläue zurückließ, in der wir selbst wie die Wolken zu schweben schienen, denn wir konnten nicht einmal mehr den Boden sehen, auf dem wir uns bewegten.

Endlich überquerten wir den letzten Berg und befanden uns außerhalb jeder Gefahr, da wir den Wasserlauf hinter uns gelassen hatten. Die Müdigkeit übermannte uns und unsere Füße waren fast bloß, wie man ohne Übertreibung sagen kann. Es kostete uns drei Stunden, diese letzte Meile zurückzulegen.

• • •

Aber die schönen Tage kehrten zurück, und das Dampfschiff *Mallorquín* konnte seine wöchentliche Reise nach Barcelona wieder aufnehmen. Unser Kranker schien nicht in der Verfassung zu sein, die Überfahrt auf sich zu nehmen, aber andererseits war er ebenso unfähig, eine Woche länger auf Mallorca zu überleben. Die Situation war schrecklich. Es gab Tage, an denen ich ohne Hoffnung und Mut war. Um uns zu trösten, hielten uns María Antonia und die Leute aus dem Dorf im Chor erbauliche Reden über unsere Zukunft.

"Dieser Schwindsüchtige", so sagten sie, "wird in die Hölle kommen, erstens, weil er schwindsüchtig ist und dann, weil er nicht beichtet."

"Wenn dem so ist, dann werden wir ihn nach seinem Tod nicht in geweihter Erde begraben. Und da es niemanden gibt, der ihn bestatten würde, müssen seine Freunde selber sehen, wie sie zurechtkommen. Wir werden sehen, wie sie ihr Problem lösen, denn ich gedenke nicht zu helfen."

"Ich auch nicht."

"Ich auch nicht. Amen!"

Endlich fuhren wir ab, und ich habe schon erzählt, welche Gesellschaft und welche Gastfreundschaft wir an Bord vorfanden.

Als wir in Barcelona ankamen, hatten wir es so eilig, diese unmenschliche Rasse für immer zu verlassen, daß ich nicht die Geduld hatte, das Ende des Entladens abzuwarten. Ich schrieb einen Brief an den Kommandanten der Station, Monsieur Belves, und schickte ihn mit einem Boot. Er kam unverzüglich, um uns mit einem Beiboot abzuholen und an Bord der *Méléagre* zu bringen.

Als wir dieses schöne Kriegsschiff betraten, das so sauber und elegant wie ein Salon war, und uns von intelligenten und freundliche Menschen umgeben sahen, als uns das aufmerksame und großzügige Entgegenkommen des Kommandanten, des Arztes, der Offiziere und der gesamten Besatzung zuteil wurde, und wir die Hand des hervorragenden und geistreichen Konsuls von Frankreich, Monsieur Gautier de l'Arc, schüttelten, sprangen wir vor Freude auf der Brücke umher und riefen aus vollstem Herzen:

"*Vive la France!*"

Es erschien uns, als hätten wir die Welt umsegelt und die Wilden Polynesiens gegen die zivilisierte Welt eingetauscht.

• • •

Und die Moral dieser Erzählung, vielleicht kindisch, aber wahr, ist, daß der Mensch nicht dazu geschaffen worden ist, um mit den Bäumen, den Steinen, dem klaren Himmel, dem blauen Meer, den Blumen und Bergen zu leben, sondern mit den Menschen, mit seinesgleichen.

In den stürmischen Tagen der Jugend glauben wir, daß die Einsamkeit ein großartiger Schutz gegen die Risiken, ein hervorragendes Heilmittel für die Wunden des Kampfes ist. Das ist ein schwerer Irrtum, und die Erfahrung des Lebens lehrt uns, daß dort, wo wir nicht in Frieden mit unseren Mitmenschen leben können, weder Poesie noch Kunstgenuß bestehen, die den Abgrund überbrücken könnten, der sich tief in unserem Herzen auftut.

Ich hatte immer davon geträumt, in der Wüste zu leben, und jeder kindliche Träumer wird zugeben, irgendwann einmal das Gleiche geträumt zu haben. Aber glaubt mir, Brüder, wir haben ein zu liebendes Herz, als daß wir ohne die anderen auskommen würden. Und das Beste, das wir tun können, ist, uns gegenseitig zu ertragen, denn wir sind wie die Kinder, die, aus einem Schoße hervorgegangen, einander ärgern, sich streiten und sogar schlagen, die aber doch nicht getrennt voneinander leben können.

Ende